Cícero Caiçara Junior

2ª edição

SISTEMAS INTEGRADOS DE GESTÃO ERP

uma abordagem gerencial

Rua Clara Vendramin, 58 :: Mossunguê
CEP 81200-170 :: Curitiba :: PR :: Brasil
Fone: (41) 2106-4170
www.intersaberes.com
editora@intersaberes.com

Conselho editorial
Dr. Alexandre Coutinho Pagliarini
Drª. Elena Godoy
Dr. Neri dos Santos
Dr. Ulf Gregor Baranow

Editora-chefe
Lindsay Azambuja

Gerente editorial
Ariadne Nunes Wenger

Assistente editorial
Daniela Viroli Pereira Pinto

Preparação de originais
Letícia Moreira Clares

Capa
Denis Kaio Tanaami

Projeto gráfico
Bruno Palma e Silva

Iconografia
Vanessa Plugiti

Dados Internacionais de Catalogação na Publicação (CIP)
(Câmara Brasileira do Livro, SP, Brasil)

Caiçara Junior, Cícero.
    Sistemas integrados de gestão – ERP: uma abordagem gerencial / Cícero Caiçara Junior. – 2. ed. – Curitiba: InterSaberes, 2015.

    Bibliografia.
    ISBN 978-85-443-0160-9

    1. Desenvolvimento organizacional 2. Gerenciamento de recursos de informação. 3. Sistemas de informação gerencial 4. Tecnologia da informação I. Título.

15-01253   CDD-658.4038011

Índices para catálogo sistemático:
1. ERP: Enterprise Resource Planning:
    Administração de empresas   658.4038011
2. Sistemas integrados de gestão:
    Administração de empresas   658.4038011

1ª edição, 2012.
2ª edição, 2015.

Foi feito o depósito legal.

Informamos que é de inteira responsabilidade do autor a emissão de conceitos.

Nenhuma parte desta publicação poderá ser reproduzida por qualquer meio ou forma sem a prévia autorização da Editora InterSaberes.

A violação dos direitos autorais é crime estabelecido na Lei n. 9.610/1998 e punido pelo art. 184 do Código Penal.

sumário

agradecimentos 9
prefácio 11
apresentação 13
como aproveitar ao máximo este livro 16

Capítulo 1
A informação nas organizações
1.1 Conceitos iniciais 21
1.2 A informação como recurso organizacional 22
1.3 Gestão da informação 24
1.4 Descentralização da informação 25
1.5 Qualidade da informação 26
1.6 Valor da informação 27
1.7 Ética no tratamento e uso da informação 29

Capítulo 2
Tecnologia da informação
2.1 Conceitos iniciais 35
2.2 Hardware 36
2.3 Software 48
2.4 Banco de dados 54
2.5 Redes de computadores 56

Capítulo 3
A empresa e os sistemas de informação
3.1 Conceitos iniciais 63
3.2 A empresa vista como um sistema 64
3.3 Componentes de um sistema 66
3.4 Sistemas de informação 67
3.5 Dimensões dos sistemas de informação 68
3.6 Ciclo de vida do desenvolvimento de sistemas – CVDS 69
3.7 Resistência das pessoas na implantação e no uso de sistemas de informação 70
3.8 Sistemas empresariais básicos 71
3.9 Utilização de sistemas de informação na indústria 73
3.10 Utilização de sistemas de informação de finanças 74
3.11 Utilização de sistemas de informação de recursos humanos 75
3.12 Utilização de sistemas de informação de marketing 75
3.13 Utilização de sistemas de informação de logística 76

Capítulo 4
Classificação dos sistemas de informação
4.1 Conceitos iniciais 81
4.2 Sistema de processamento de transações – SPT 82
4.3 Sistema de informações gerenciais – SIG 84
4.4 Sistema de suporte à decisão – SSD 86
4.5 Sistema de suporte executivo – SSE 87

Capítulo 5
Sistemas integrados de gestão
5.1 Conceitos iniciais 93
5.2 Integração de sistemas 95
5.3 Sistema integrado de gestão – ERP 96
5.4 Histórico e evolução dos sistemas ERP 98
5.5 Principais características e vantagens do ERP 101

Capítulo 6
Fornecedores e implantação de sistemas ERP
6.1 Conceitos iniciais   109
6.2 Fornecedores de produtos ERP   109
6.3 Implantação de sistemas ERP   111
6.4 Seleção de produtos ERP   114
6.5 Principais obstáculos para a implantação de sistemas ERP   117
6.6 Estudo de caso sobre implantação de ERP   119

Capítulo 7
Módulos que compõem um ERP
7.1 Conceitos iniciais   125
7.2 Módulos básicos   126
7.3 Módulos específicos ou verticais   128
7.4 Módulos customizados   130

Capítulo 8
Sistemas produtivos industriais
8.1 Conceitos iniciais   135
8.2 Sistemas MRP e MRP II   138
8.3 Sistema Just-in-Time – JIT/kanban   145
8.4 Sistemas OPT/TOC   149
8.5 Definição do sistema mais adequado   151

Capítulo 9
Segurança e controle em sistemas de informação
9.1 Conceitos iniciais   157
9.2 Análise do risco em segurança da informação   160
9.3 Principais ameaças   161
9.4 Política de segurança da informação   163
9.5 Segurança física e ambiental   167
9.6 Segurança lógica   171
9.7 Controle de acesso lógico   174
9.8 Plano de contingência   175

Capítulo 10
Tópicos avançados em sistemas de informação
10.1 Conceitos iniciais   185
10.2 Customer Relationship Management – CRM   186
10.3 Supply Chain Management – SCM   191
10.4 Business Intelligence – BI   193
10.5 Gestão eletrônica de documentos – GED   199
10.6 Novas tecnologias da informação   206

para concluir...   211
referências   213
respostas   221
sobre o autor   229

agradecimentos

Ao professor Moacyr Paranhos, que gentilmente me convidou para escrever este livro.

Aos professores Wanderson Stael Paris e Hamilton Edson Lopes de Souza, que aceitaram meu convite e contribuíram para a produção desta obra com a elaboração dos Capítulos 8 e 9, respectivamente.

Aos colaboradores da Editora InterSaberes, pela orientação na condução desta obra.

À minha companheira, parceira e esposa Izabel, pelo amor e apoio concedidos em todos os momentos.

A Deus, por ter me concedido a graça de concluir este grande desafio.

prefácio

O modelo de gestão da informação nas organizações está diretamente ligado ao tipo de negócio estabelecido, sua missão, visão e os objetivos estratégicos adotados. A partir dessa definição, é possível estabelecer quais são as práticas de gestão e os padrões de trabalho necessários para o adequado funcionamento das diversas áreas da empresa. O completo gerenciamento, proteção e integração dessas informações tem sido o grande desafio das atuais organizações, impactando diretamente a tomada de decisões operacionais e estratégicas.

Assim, capacitar profissionais de modo que adquiram o conhecimento relativo aos ambientes informatizados e seus respectivos sistemas de informação, saibam diagnosticar o contexto da organização e tenham condições de apresentar alternativas de solução que visem a melhorias e/ou inovações também tem constituído um desafio para as instituições de formação profissional.

O livro *Sistemas integrados de gestão — ERP: uma abordagem gerencial*, do meu amigo, afilhado e mestre Cícero Caiçara Junior, que contou com o vasto saber profissional e criterioso do professor Wanderson Stael Paris, expõe, com mérito e didática, os principais conceitos e aspectos estratégicos e gerenciais das atividades que envolvem o âmbito dos sistemas de informação.

É importante salientar que o conteúdo desta obra é fruto de pesquisas, de experiências profissionais adquiridas no desenvolvimento de práticas no ambiente organizacional, bem como da docência vivenciada em diversas instituições de ensino superior, em nível de graduação e pós-graduação. Posso assegurar, assim, que certamente será de grande valia para atender às necessidades acadêmicas e profissionais de quem pesquisa, planeja, executa e implementa novos procedimentos e processos informacionais.

Finalizando, considero importante parabenizar o grande dinamismo, a seriedade do trabalho e, principalmente, os esforços do professor Cícero e também de todos aqueles que contribuíram de alguma forma para a realização deste livro. Tenho certeza de que muitos outros de seus estudos e experiências profissionais reverterão em novas publicações.

Prof. Me. Hamilton Edson Lopes de Souza

apresentação

A utilização de sistemas de informação nas organizações modernas tornou-se uma condição de sobrevivência a partir da década de 1990. O que no princípio era uma enorme vantagem competitiva empresarial hoje é considerado mais uma prática aplicada ao dia a dia dos responsáveis pelas decisões a serem tomadas nas empresas.

O objetivo deste livro é apresentar os principais conceitos relacionados aos sistemas integrados de gestão, também conhecidos no mercado como *sistemas ERP – Enterprise Resource Planning*. Resultado de uma experiência de 18 anos com o assunto, vivenciada tanto nas empresas em que exerci funções de gerência e coordenação quanto em minha carreira como professor de graduação e pós-graduação e em atividades de consultoria, esta obra se destina a todos os profissionais que utilizam os sistemas de informação como suporte aos seus processos de tomada de decisão e aos estudantes que buscam maior capacitação na área.

O Capítulo 1 apresenta os principais conceitos relacionados à informação, destacando sua importância como recurso organizacional e discutindo os aspectos de qualidade e valor da informação. O Capítulo 2 traz uma apresentação introdutória dos conceitos de tecnologia da informação, abordando os principais conceitos de hardware, software, banco de dados e redes de computadores.

O Capítulo 3 destaca a empresa e a utilização de sistemas de informação como ferramenta de gestão, e o Capítulo 4 apresenta a classificação dos sistemas de informação, abrangendo desde os sistemas transacionais até os sistemas de informações executivas.

A partir do Capítulo 5, o foco central passa a ser os sistemas ERP – histórico, evolução, conceito e fornecedores. A implantação de sistemas ERP também é um tema importante, e é fundamental para os gestores que pretendem utilizar essa ferramenta de gestão o entendimento de seus fatores críticos de sucesso, os quais são discutidos no Capítulo 6. Os módulos de um ERP, bem como suas aplicações por segmento, são apresentados no Capítulo 7. No Capítulo 8, os sistemas produtivos industriais se destacam como assunto principal e, no Capítulo 9, os aspectos de segurança da informação são detalhadamente examinados. Por fim, o Capítulo 10 apresenta outros sistemas de informação de uso estratégico, tais como o CRM, o SCM e ferramentas de análise e mineração de informações.

Nesta 2ª edição, foram feitas atualizações de conteúdo tecnológico, área que evolui em ritmo acelerado e requer do leitor um monitoramento constante para que possa acompanhar as novidades e novas tendências no que se refere a sistemas de informação. Foram incluídos conteúdos inéditos, temas como a ética no tratamento da informação, o ciclo de vida do desenvolvimento de sistemas, o ERP para operações de e-commerce, os sistemas de informação para a área de logística e, no Capítulo 10, as novas tecnologias da informação, incluindo os conceitos de big data e cloud computing.

Com o intuito de facilitar a leitura e guiar o leitor no seu processo de aprendizagem, o material está estruturado didaticamente, de modo a corresponder a um fluxo lógico de ideias.

como aproveitar ao máximo este livro

Este livro traz alguns recursos que visam enriquecer o seu aprendizado, facilitar a compreensão dos conteúdos e tornar a leitura mais dinâmica. São ferramentas projetadas de acordo com a natureza dos temas que vamos examinar. Veja a seguir como esses recursos se encontram distribuídos no projeto gráfico da obra.

Conteúdos do capítulo
Logo na abertura do capítulo, você fica conhecendo os conteúdos que serão nele abordados.

Após o estudo deste capítulo, você será capaz de:
Você também é informado a respeito das competências que irá desenvolver e dos conhecimentos que irá adquirir com o estudo do capítulo.

Para saber mais
Você pode consultar as indicações desta seção para aprofundar sua aprendizagem.

Síntese
Você dispõe, ao final do capítulo, de uma síntese que traz os principais conceitos nele abordados.

Questões para revisão
Com essas atividades, você tem a possibilidade de rever os principais conceitos analisados. Ao final do livro, o autor disponibiliza as respostas às questões, a fim de que você possa verificar como está sua aprendizagem.

Questões para reflexão
Nessa seção, a proposta é levá-lo a refletir criticamente sobre alguns assuntos e trocar ideias e experiências com seus pares.

A informação nas organizações

Conteúdos do capítulo

- Conceitos e definições.
- Gestão da informação.
- A qualidade das informações.
- O valor das informações.
- Ética no uso e tratamento das informações.

Após o estudo deste capítulo, você será capaz de:

1. conceituar *informação*;
2. compreender a importância da informação nas organizações;
3. entender a importância da gestão da informação;
4. reconhecer as características da informação de qualidade;
5. saber identificar o valor da informação;
6. compreender a importância do tratamento ético da informação.

Este capítulo tem por finalidade habilitar o leitor a compreender os principais conceitos relacionados à informação e utilizados pelas empresas. Abordaremos a diferença entre dados e informações, a importância destas como recurso ou ativo organizacional, a relevância da gestão da informação, o processo de descentralização das informações, além das variáveis que influenciam diretamente na qualidade e no valor da informação, bem como suas principais características.

capítulo 1

1.1 Conceitos iniciais

Definir o termo *informação* é uma tarefa bastante difícil, apesar de estarmos diariamente buscando, assimilando, trocando ou transmitindo informações, quando, por exemplo, acessamos a internet, participamos de um treinamento ou curso, nos comunicamos uns com os outros ou ensinamos outra pessoa. Faça um teste você mesmo! Procure definir *informação* em duas ou três linhas. Compreendemos de forma intuitiva seu conceito, mas descrever seu significado por meio de palavras não é uma tarefa tão simples quanto parece.

De acordo com Varajão (1998), o conjunto de concepções sobre informação é surpreendente pela sua diversidade, pertencendo esse termo a uma categoria de vocábulos de uso fácil, mas de definição difícil. Assim, é bastante comum nos depararmos com conceituações inconsistentes e, muitas vezes, equivocadas. Como um entendimento preciso do conceito de informação é fundamental para a compreensão desta obra, vamos comentar algumas definições clássicas.

A informação pode ser entendida como "a medida da redução da incerteza sobre um determinado estado de coisas por intermédio de uma mensagem" (Ferreira; Anjos, 2005). Muitas vezes, os conceitos de dado e informação são confundidos. *Dado* é o fato bruto e, por si só, pode ou não ser relevante. *Informação* vem do latim *informare*, que significa "dar forma". Podemos concluir, então, que a informação usa como matéria-prima os dados. Como afirma Drucker (citado por Davenport, 1998, p. 18), informações são "dados dotados de relevância e propósito". Portanto, a informação pode ser entendida como dados moldados de uma forma significativa e útil para as pessoas.

Para Batista (2004), as informações são, ao mesmo tempo, a base para a tomada de decisões e o resultado direto de suas ações consequentes. Logo, de acordo com o autor, podem ser assim classificadas:

a. **Informações operacionais** – São geradas no dia a dia da empresa em nível operacional e adquiridas internamente, com finalidade de controle e, com frequência, produzidas manualmente. Alguns exemplos dessas informações estão em formato de formulários de pedidos de vendas ou compras, notas fiscais e requisições internas.

b. **Informações gerenciais** – São utilizadas para a tomada de decisões em nível tático ou gerencial, com finalidade de acompanhamento e planejamento. Como devem apresentar características de quantidade, oportunidade, conteúdo e qualidade, normalmente as encontramos nos sistemas de informação da empresa. Alguns exemplos dessas informações estão em formato de relatórios gerenciais de vendas ou de acompanhamento da produção.

1.2 A informação como recurso organizacional

De acordo com Varajão (1998, p. 45), "numa definição empírica, podemos dizer que informação é tudo aquilo que reduz incerteza sobre um dado facto, lugar ou acontecimento, passado, presente ou futuro". Nesse sentido, muitas vezes é considerada como o principal ativo ou diferencial competitivo de uma organização. A partir dessa concepção, as empresas passaram a valorizar mais as informações, recursos normalmente intangíveis e de difícil mensuração. Se nos basearmos em exemplos clássicos, poderemos perceber essa realidade na prática. Vejamos o exemplo da Microsoft®, maior empresa fornecedora de software do mundo: Por que ela é a empresa mais valiosa do mercado? Seria porque possui grandes estruturas de fábricas e maquinários? A resposta é "não". Seu grande diferencial está no tratamento de suas informações, observado a partir do conhecimento de seus funcionários.

Outro fator relevante quanto ao uso da informação como recurso organizacional consiste na sua utilização estratégica, a qual permite que a organização obtenha vantagem competitiva em relação à concorrência, além da possibilidade de gerar novos negócios. É muito importante para uma empresa identificar todas as informações (internas ou externas) que cercam sua atividade. Quando desenvolve seu planejamento estratégico, necessariamente se vale da utilização dessas informações para consequentemente atingir êxito em suas iniciativas.

Muitas organizações acreditam e investem em sistemas de informação com o intuito de buscar diferencial estratégico. Em um mercado no qual a concorrência se torna cada vez mais acirrada e o acesso às tecnologias mais facilitado, diminui-se o distanciamento entre as empresas, independentemente de seu porte e capacidade de investimento. Dessa forma, é fundamental mapear e definir quais informações são de fato estrategicamente importantes e como é possível ter acesso a elas antes de seus concorrentes.

Informações estratégicas são aquelas utilizadas com objetivos alinhados ao planejamento estratégico da empresa, ou seja, podem ser encontradas dentro ou fora da organização, e é assim que surge o conceito de inteligência competitiva. É preciso identificar as oportunidades que o mercado oferece, assim como as ameaças que podem impactar seus negócios.

1.3 Gestão da informação

Definido o conceito de informação e entendida a sua importância como um recurso organizacional valioso e estratégico, nosso próximo passo é estudar como é possível gerenciá-la, tendo em vista que o volume de informações em uma organização cresce a cada ano de forma exponencial. Para muitos estudiosos da área de tecnologia da informação (TI), a gestão da informação compreende apenas os processos de guarda e recuperação, além de mecanismos de segurança e controle de acesso. Esse conceito é restrito e não considera a gestão da informação como um processo. Para Davenport (1998), a gestão da informação pode ser vista como um conjunto estruturado de atividades que incluem o modo como as organizações obtêm, distribuem e usam a informação. Portanto, caracteriza-se como um processo que necessita de suporte e deve ser constantemente aperfeiçoado e monitorado. Na Figura 1.1, é possível visualizarmos todas as atividades descritas por Davenport (1998).

Figura 1.1 – O processo de gestão da informação segundo Davenport

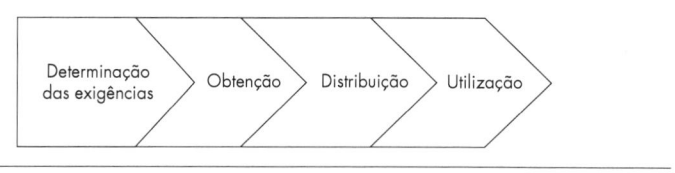

Fonte: Davenport, 1998, p. 175.

Vejamos, a seguir, cada uma dessas atividades do processo de gestão da informação propostas pelo autor.

a. **Determinação das exigências** – Num primeiro momento, devemos proceder à identificação das informações estruturadas, ou seja, aquelas que são encontradas em atividades quantificáveis e passíveis de serem representadas por meio de tabelas (linhas e colunas). Essas informações normalmente são computadorizadas. Nesta fase, devemos, ainda, identificar as informações não estruturadas, isto é, aquelas que estão dispersas na organização em formatos distintos.

Dada a variedade de requisitos do ambiente, as informações devem ser obtidas de fontes internas e externas.

b. **Obtenção da informação** – Definidas as exigências das informações, a atividade seguinte consiste em explorar os ambientes interno e externo e categorizar as principais fontes de informações. Neste momento, fazem-se necessárias a formatação e a estruturação das informações obtidas. Cabe salientarmos a importância desta fase, pois um correto procedimento influi sobremaneira na atividade de distribuição.

c. **Distribuição da informação** – Nesta fase do processo de gestão da informação, finalmente devemos nos preocupar com a divulgação das informações adquiridas nas fases anteriores. É neste momento que são definidos os usuários que terão acesso às informações específicas. Muitas vezes, as informações são distribuídas sem critérios, o que pode torná-las excessivas, dificultando o entendimento por parte dos usuários. Devemos salientar, ainda, que tudo depende dos recursos tecnológicos à disposição da organização. Se a empresa dispõe de intranet* e sistemas de informação (SIs), aspectos de segurança e confidencialidade devem ser observados com cuidado, caso contrário, poderão ser transmitidas informações a pessoas não autorizadas ou que não necessitam delas.

d. **Utilização da informação** – Após termos definido, obtido e distribuído as informações, é o momento de monitorarmos o processo de sua utilização, ou seja, de nos preocuparmos com o controle do seu uso. Uma maneira de exercermos esse controle é identificar quantos e quais usuários estão utilizando as informações disponíveis e verificar, assim, se o processo necessita de aperfeiçoamento.

1.4 Descentralização da informação

A área de tecnologia passou por inúmeras e drásticas mudanças ao longo de sua história. Antigamente, era denominada nas empresas como *Centro*

---

* Rede baseada na tecnologia da internet e utilizada em nível corporativo.

de Processamento de Dados (CPD) e consistia em estruturas centralizadas em uma sala especial, climatizada e protegida contra intrusos. Os computadores utilizados eram chamados *mainframes**. Essa estrutura elitista era empregada em razão do fato de os computadores serem equipamentos muito caros, terem uma manutenção problemática, serem de grande complexidade em termos de uso e causarem muitos transtornos ao usuário (Batista, 2004).

Duas tecnologias contribuíram sobremaneira para que essa estrutura migrasse para um ambiente descentralizado:

- o surgimento do Personal Computer (PC), ou computador pessoal;
- o acesso às redes de computadores, as quais permitiram que vários usuários de lugares diferentes e distantes pudessem acessar as mesmas informações.

Em virtude dessas novas tecnologias, ocorreu uma mudança na administração das empresas, denominada *downsizing*.

Para saber mais

RIGONI, J. R. **Você sabe o que é downsizing?** Disponível em: <http://www.totalqualidade.com.br/2010/06/voce-sabe-o-que-e-downsizing.html>. Acesso em: 6 jul. 2015.

O *downsizing* afetou a forma de trabalho de muitas organizações, principalmente no que diz respeito à produtividade. Indicamos a leitura desse texto para que você conheça um pouco mais sobre esse processo.

1.5 Qualidade da informação

É de fundamental importância para uma organização a qualidade da informação adquirida e/ou processada, pois esse aspecto reflete na efetividade do processo de tomada de decisão de uma empresa. Para Rezende e

---

* Grandes computadores com alto poder de processamento, utilizados em grandes CPDs e organizações de grande porte.

Abreu (2000), as informações de qualidade devem ser comparativas, confiáveis, geradas em tempo hábil e no nível de detalhe adequado. Devem ter, pois, características bem definidas, as quais apresentamos, de acordo com Stair (2004), no quadro a seguir.

Quadro 1.1 – Características da boa informação

Precisa	A informação precisa não tem erros.
Completa	A informação completa contém todos os fatos importantes.
Econômica	Deve-se considerar o custo da produção *versus* a importância da informação.
Flexível	A informação flexível pode ser utilizada para diversas finalidades.
Confiável	A informação confiável depende de sua fonte.
Relevante	A informação relevante é importante para o tomador de decisões.
Simples	Informação em excesso pode causar sobrecarga.
Em tempo	A informação em tempo é enviada quando necessário.
Verificável	A informação pode ser checada em várias fontes.

Fonte: Adaptado de Stair, 2004, p. 6.

Analisando o Quadro 1.1, podemos entender que um relatório gerencial, cuja finalidade é dar suporte ao tomador de decisões, deve também apresentar as características da boa informação. É importante salientarmos que, quanto maior o número de características presentes em um relatório, maior sua qualidade como instrumento de apoio à decisão. Por exemplo, um relatório de produção diária pode ser útil tanto para o supervisor de produção quanto para o operador da máquina, além de ser relevante para o controle da produção. Esse relatório apresenta, desse modo, ao menos duas características importantes: é verificável e relevante.

1.6 Valor da informação

Um conceito que gera muitas controvérsias entre os estudiosos é o de valor de uma informação. Para Rezende e Abreu (2000), a informação tem valor altamente significativo e pode representar grande poder para quem a possui – indivíduos ou instituição. Ela está presente em todas as atividades que envolvem pessoas, processos, sistemas, recursos e tecnologias.

De acordo com Stair (2004, p. 5), "O valor da informação está diretamente ligado à maneira como ela ajuda os tomadores de decisões a atingirem as metas da organização". Podemos verificar que o autor apresenta um conceito de caráter subjetivo. De fato, muitas vezes, os benefícios do uso da informação justificam seu valor. Como exemplo, podemos considerar uma empresa que investe R$ 10.000,00 para ter acesso a uma informação de mercado e, estando de posse dela, identifica um novo nicho de atuação, o qual pode retornar-lhe dez vezes o valor do investimento. Surge, então, a pergunta: como é possível medir o valor de uma informação? Para Weitzen (1994), ao menos três passos são fundamentais para a valorização da informação: conhecê-la, selecioná-la e usá-la.

Quando pretendemos vender uma informação, a personalização merece atenção especial. Informações não personalizadas, apesar de serem úteis para muitas pessoas e/ou finalidades, normalmente têm menor valor. Por outro lado, quando uma informação é personalizada e customizada para uma pessoa e/ou finalidade, podemos vendê-la por um alto valor.

A fim de estipularmos o valor da informação, também devemos considerar sua utilização no momento oportuno. Haddad (2000, p. 9) argumenta:

> A informação tem sido um dos elementos geradores de mudanças sociais, culturais e organizacionais. O volume de informação à nossa disposição, em vários meios de comunicação e mídias, tem crescido intensamente, entretanto, o seu valor não está necessariamente vinculado à explosão informacional. Ele depende intimamente, não somente do seu potencial de utilização, mas, sobretudo, da sua efetiva utilização nos momentos oportunos, isto é, o valor da informação é tão maior quanto maior for o benefício alcançado com sua utilização.

Por fim, acabamos nos deparando com a clássica comparação entre custo e benefício. Segundo Oliveira (2001, p. 37), "a eficiência na utilização do recurso informação é medida pela relação do custo para obtê-la e o valor do benefício de seu uso". Com base nessa afirmação, podemos concluir que, antes de investirmos em recursos de informação, primeiro precisamos analisar os seus custos *versus* os benefícios que trazem. Para efetuarmos esse cálculo, devemos identificar os custos com coleta, processamento e distribuição das informações. Salientamos que, em muitos casos, o principal benefício é intangível, ou seja, não pode ser medido pela aplicação de uma fórmula matemática ou por números absolutos.

Como exemplos, podemos citar benefícios como a satisfação do cliente ou a boa imagem da empresa perante o mercado em que atua, o que, muitas vezes, é difícil de ser representado em números exatos.

1.7 Ética no tratamento e uso da informação

A ética normalmente tem relação direta com padrões estabelecidos que distinguem o que é certo e errado. Para Turban, Rainer Junior e Potter (2003), a ética da informação se refere especificamente aos padrões de certo e errado que dizem respeito às práticas de processamento de informações. Impacta diretamente a imagem da empresa e de seus gestores e, portanto, é sempre recomendado que seja estabelecido e divulgado um código de ética e de conduta no tratamento e uso das informações empresariais, tanto de clientes quanto da própria empresa e de seus colaboradores.

Com o uso cada vez mais difundido das tecnologias de informação, questões referentes à invasão de privacidade passam a ter destaque no âmbito corporativo, de tal sorte que a forma como devem ser tratadas informações cadastrais de clientes, caixas de e-mails dos colaboradores, bancos de dados diversos e outras informações corporativas precisa ser bem definida e comunicada para todas as partes interessadas.

Um código de ética pode ser definido como um conjunto de orientações destinadas a informar como os membros de uma organização devem agir quanto ao tratamento e uso da informação. Cada empresa pode incluir em seu código questões relacionadas à privacidade, à exatidão, à propriedade e à acessibilidade no que se refere às informações.

A seguir, apresentamos um quadro que detalha cada uma dessas questões.

Quadro 1.2 – Aspectos éticos no tratamento da informação

Aspecto ético	Descrição
Privacidade	Refere-se a questões que envolvem coleta, armazenamento e disseminação das informações.
Exatidão	Envolve questões relacionadas à autenticidade, à fidelidade e à correção das informações coletadas e disseminadas.
Propriedade	Dize respeito à propriedade e ao valor da informação.
Acessibilidade	Define quem deve ter acesso às informações e se essas pessoas devem pagar para isso.

Fonte: Adaptado de Turban; Rainer Junior; Potter, 2003, p. 54.

Síntese

Neste capítulo, tratamos da importância da informação para o sucesso de uma organização. Discutimos diversos conceitos de informação e abordamos a diferença entre *dado* e *informação*, termos que são comumente confundidos. Vimos também que a gestão da informação deve ser tratada como um processo que precisa ser acompanhado e monitorado constantemente. A migração dos grandes CPDs para ambientes descentralizados, com base nas tecnologias do PC e das redes de computadores, também recebeu nossa análise. Em seguida, enfocamos a importância estratégica da utilização das informações, a qual pode tornar-se um diferencial competitivo. Destacamos, ainda, a importância da qualidade de uma boa informação e suas principais características, bem como as formas de valorização da informação. Por fim, examinamos os aspectos éticos relacionados ao uso e tratamento das informações corporativas, ressaltando a importância de se estabelecer um código de ética.

Questões para revisão

1. Defina *informação*.

2. Por que um relatório gerencial deve ter as características da boa informação?

3. Quais tecnologias contribuíram para o processo de descentralização das informações nas organizações? Assinale V (verdadeiro) ou F (falso):

    ( ) Downsizing.
    ( ) Sistemas de informação.
    ( ) Surgimentos dos computadores pessoais.
    ( ) Redes de computadores.

4. "Informações que podem ser utilizadas para diversas finalidades". Essa afirmação refere-se a qual das características da boa informação?

    a. Completa.
    b. Flexível.
    c. Precisa.
    d. Simples.

5. Identifique o conceito equivalente à seguinte definição: "medida da redução da incerteza, sobre um determinado estado de coisas, por intermédio de uma mensagem" (Ferreira; Anjos, 2005).

    a. Dado.
    b. Conhecimento.
    c. Competência.
    d. Informação.

Questões para reflexão

1. Atualmente, a quantidade de informações é enorme e muitas vezes isso pode tornar-se um problema empresarial. Quais impactos uma organização pode sofrer em virtude do excesso de informações?

2. A ética no uso das informações pode impactar diretamente a relação empregado/empregador. Quando um empregado é desligado de uma organização, como são tratadas as questões éticas quanto à utilização de informações?

Tecnologia da informação

Conteúdos do capítulo

- A importância da tecnologia da informação (TI).
- Conceitos e definições.
- Elementos da TI.
- Componentes de um computador.
- Sistemas operacionais e aplicativos.

Após o estudo deste capítulo, você será capaz de:

1. diferenciar os termos *informática* e *tecnologia da informação*;
2. compreender a importância da TI para as organizações;
3. identificar os elementos da TI;
4. saber identificar os componentes de um computador;
5. compreender os principais sistemas operacionais e aplicativos.

O objetivo principal deste capítulo é apresentar os conceitos que serão a base para o entendimento dos capítulos subsequentes. Abordaremos os principais conceitos relacionados à tecnologia da informação – TI, bem como a distinção entre os principais termos e nomenclaturas utilizados pelo mercado. Descreveremos, ainda, os principais componentes da TI – hardware, software, banco de dados e rede de computadores.

capítulo 2

2.1 Conceitos iniciais

Tecnologia da informação – TI é um termo que vem sendo amplamente utilizado e que, muitas vezes, compreende diversas áreas da ciência da computação ou informática; em alguns casos, também é empregado na área da administração. A TI abrange, sim, a informática e seus conceitos mais usuais, como hardware e software, no entanto sua amplitude é bem maior. Com o advento da telemática (a união das telecomunicações à informática), esse conceito se amplificou e hoje tem papel estratégico em muitas empresas, pois inclui, além da telemática, os componentes de hardware, software, banco de dados e rede de computadores.

Hoje, muitos profissionais, independentemente de sua área de atuação, utilizam a TI como um termo "curinga", ou seja, que tem uma abrangência quase que total quando se trata de soluções tecnológicas. O próprio conceito de sistemas de informação é, com frequência, confundido com o de TI.

Batista (2004, p. 59) define *tecnologia da informação* como "todo e qualquer dispositivo que tenha capacidade para tratar dados e/ou informações, tanto de forma sistêmica como esporádica, independentemente da maneira como é aplicada". Para Laudon e Laudon (1999, p. 72), "as tecnologias de informação contemporâneas vão além do computador isolado e abrangem redes de comunicações, equipamentos de fax, impressoras e copiadoras 'inteligentes', workstations (ou estações de trabalho), processamento de imagem, gráficos, multimídia e comunicações em vídeo".

Nesta obra, utilizaremos o termo *tecnologia da informação* – TI para nos referirmos a hardware, software, banco de dados e redes. Adotamos essa perspectiva em razão do fato de que, para o funcionamento dos sistemas de informação, alvo principal de estudo desta obra, necessitamos de uma infraestrutura tecnológica básica.

2.2 Hardware

O hardware é qualquer tipo de equipamento eletrônico utilizado para processar dados e informações e tem como função principal receber dados de entrada, processar dados de um usuário e gerar saídas nos formatos solicitados. Um computador moderno apresenta alguns componentes essenciais para seu funcionamento, os quais podemos identificar na Figura 2.1.

Figura 2.1 – Componentes essenciais de um computador

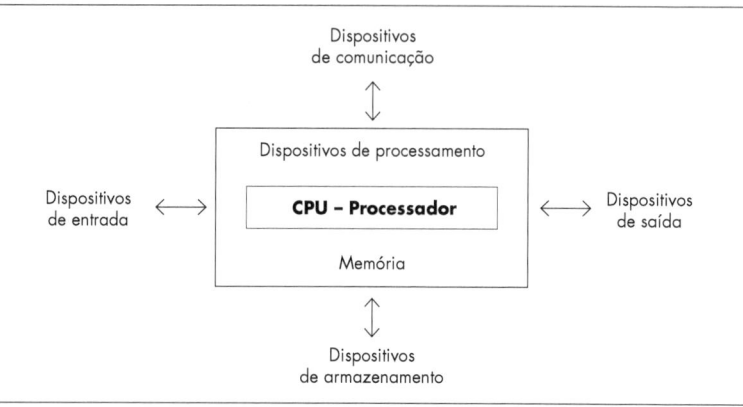

Fonte: Adaptado de Stair, 2004, p. 51.

Vejamos a seguir cada um desses componentes.

2.2.1 Unidade central de processamento – CPU

Central Processing Unit – CPU, ou unidade central de processamento, é o componente encarregado de processar informações. Também chamado de *processador* ou *microprocessador*, é o responsável por executar a função de processar os cálculos ou requisições do usuário, podendo ser considerado o cérebro de um computador.

Um processador apenas obedece a comandos designados e instruções contidas em um determinado programa. Esses comandos podem ser para somar dois números ou para enviar uma informação para a impressora, por exemplo.

Torres (2005) apresenta, de maneira simplificada, uma explicação do que ocorre quando clicamos duas vezes em um ícone para executar um programa:

1. O programa, que está armazenado no disco rígido, é transferido para a memória. Um programa é uma série de instruções para o processador.
2. O processador, usando um circuito chamado *controlador de memória*, carrega as informações do programa da memória RAM – Random Access Memory.
3. As informações, agora dentro do processador, são processadas.
4. O que acontece a seguir vai depender do programa. O processador pode continuar a carregar e executar o programa ou pode fazer alguma coisa com a informação processada, como mostrar algo na tela.

Atualmente, duas arquiteturas de CPUs dominam o mercado:

- **Arquitetura Cisc (Complex Instruction Set Computer)** – Refere-se a um conjunto de instruções complexas. Pelo fato de muitas dessas instruções nem sempre serem utilizadas, confere ao produto mais capacidade do que normalmente é exigida pelo usuário, o que acarreta um custo elevado do produto.

- **Arquitetura Risc (Reduced Instruction Set Computer)** – É capaz de executar um menor número de instruções. Por essa razão, processadores baseados nessa arquitetura são mais simples e apresentam custo mais acessível. Os processadores utilizados em PCs normalmente utilizam microprocessadores Risc.

Hoje o mercado de fabricantes de microprocessadores é dominado por duas grandes corporações, ambas norte-americanas. A primeira delas é a Intel®, fundada em 1968, cuja principal concorrente é a AMD, fundada em 1969. Comercialmente, a Intel® deu início à história dos microprocessadores para computadores pessoais – PCs. A seguir, apresentaremos as principais evoluções ocorridas nesse mercado. Não pretendemos, com isso, descrever todos os acontecimentos, mas posicionar o leitor no que se refere aos aspectos mais relevantes para o entendimento dos conteúdos deste livro.

O primeiro microprocessador para PC que surgiu no mercado foi o 8086 (ou 8088 – há divergências quanto à sua denominação). Lançado em 1978 e desenvolvido pela Intel®, foi o responsável pelo significativo aumento de vendas da nova divisão de computadores pessoais da IBM*. Os microcomputadores equipados com esse processador receberam a designação de *IBM-PC*. O sucesso desse projeto introduziu a Intel® no *ranking* Fortune 500, da revista *Fortune*. A partir desse momento, toda a evolução dos microprocessadores baseou-se em outra linha denominada *família 80x86*, descrita a seguir:

- 80186 – Essa linha foi denominada de *PC-XT*.
- 80286 – Inicia a linha denominada *PC-AT*, em 1982.
- 80386 – Lançado em 1985, dá início à era de processadores multitarefa, ou seja, que podem rodar vários programas ao mesmo tempo.
- 80486 – Lançado em 1989, teve significativa importância para o mercado de PCs, pois viabilizou o uso do ambiente gráfico (Windows®).

---

* Gigante multinacional fabricante de computadores que dominou o mercado de vendas de PCs nos anos 1980.

Contrariando todas as tendências de mercado, que aguardava o lançamento do 586, a Intel® lançou, em 1993, o processador Pentium®. Esse processador praticamente dobrou a capacidade de processamento dos anteriores 486. A velocidade de processamento partiu de 66 MHz, chegando até 233 MHz.

Em seguida, foram lançadas diversas versões dos microprocessadores Pentium®. Listamos as principais versões e suas respectivas velocidades de processamento (clock):

- Pentium® MMX™ – Inclui instruções denominadas *MMX*, que têm por objetivo específico tratar informações de multimídia, áudio, vídeo e gráficos. A partir dele, todos os processadores Intel® passaram a ter essas instruções adicionais. O clock nessa versão variava de 233 MHz a 266 MHz.
- Pentium® Pro – Tinha capacidade para competir com máquinas de alto desempenho, principalmente estações de trabalho e servidores.
- Pentium® II – Lançado em 1997, tinha grande capacidade para trabalhar conteúdos multimídia.
- Pentium® III – Lançado em 1999, foi a versão que mais apresentou variações de clock, partindo de 650 MHz e atingindo 1,4 GHz, em meados de 2002.
- Pentium® 4 – É a sétima geração de microprocessadores e apresenta a característica principal de trabalhar com elevado clock. Varia entre 1,4 GHz e, atualmente, 3,8 GHz na versão Pentium® HT*.

Outra linha de microprocessadores comercializada pela Intel® é a Celeron®, que apresenta características semelhantes, mas com uma performance inferior. A diferença principal entre as duas linhas está no fato de que os microprocessadores Celeron® trabalham sem a tecnologia da memória cache ou com essa tecnologia em quantidade reduzida. A memória cache permite maior velocidade de processamento e acaba acarretando um acréscimo considerável no valor final do produto. Portanto,

---

* HT é a abreviação de Hyper-Threading, uma tecnologia disponível em alguns processadores Intel®.

os microprocessadores Celeron® são mais acessíveis economicamente do que os Pentium®.

Devemos salientar, ainda, que as versões de microprocessadores apresentadas anteriormente são utilizadas em equipamentos do tipo desktop*. Para equipamentos móveis ou portáteis e servidores, existem inúmeros outros produtos disponíveis, como as linhas Centrino® e Xeon®**.

A concorrente AMD*** atua no mercado com duas linhas principais de processadores:

1. Athlon™, microprocessador concorrente direto do Intel® Pentium®;
2. Sempron™, concorrente direto da linha Intel® Celeron®.

Em 2010, novas tecnologias de processadores foram lançadas no mercado com os nomes comerciais *dual-core* e *multicore*. A tecnologia multicore baseia-se na presença de dois ou mais núcleos. É como imaginarmos dois ou mais processadores encapsulados em um único chip.

O primeiro processador de múltiplos núcleos disponibilizado no mercado foi o dual-core, que tinha dois núcleos. O resultado prático acabou sendo um processamento, em teoria, multiplicado por dois. Além disso, os processadores multicore melhoraram problemas de aquecimento e proporcionaram uma redução no consumo de energia elétrica.

Apresentamos, no quadro a seguir, os principais processadores multicore para desktops disponibilizados no mercado entre 2010 e 2013 pela Intel® e pela AMD.

Quadro 2.1 – Principais processadores multicore

Nome comercial	Fabricante	Número de núcleos	Velocidade
Core™2Duo	Intel®	2	3,16 GHz
Core™2Quad	Intel®	4	2,83 GHz
Core™2Extreme	Intel®	4	3,2 GHz

(continua)

* Computador de mesa utilizado em residências ou empresas como estação de trabalho.
** Para mais informações e comparações entre as linhas, indicamos a página da Intel® disponível em: <http://www.intel.com.br>.
*** Para mais informações sobre os produtos da AMD, indicamos sua página, disponível em: <http://www.amd.com.br>.

(Quadro 2.1 – conclusão)

Nome comercial	Fabricante	Número de núcleos	Velocidade
Athlon™X264	AMD	2	3,2 GHz
Phenom™X3	AMD	3	2,4 GHz
Phenom™X4	AMD	4	2,6 GHz
Opetrom™	AMD	4	2,5 GHz

Em 2014, a Intel® lançou o processador Intel® Core i7, composto por oito núcleos, enquanto a AMD passou a comercializar o processador AMD FX-8350, com a mesma quantidade de núcleos.

2.2.2 Memória

O componente *memória* tem a tarefa de manipular as informações e retorná-las ao usuário o mais rapidamente possível. Também a CPU, tema do tópico anterior, necessita de uma área de memória para armazenar alguns resultados e referências enquanto processa informações.

As mais conhecidas no mercado são as memórias RAM, ROM e cache. Vejamos detalhadamente cada uma delas a seguir.

Memória principal ou RAM

A memória principal de um sistema de computador é denominada *memória RAM – Random Access Memory*, ou *memória de acesso aleatório*. É rápida, permite leitura e escrita, porém perde seu conteúdo quando o computador é desligado. Por isso, precisamos gravar programas e arquivos de dados em outras mídias, tais como discos rígidos, CDs e DVDs. Essa memória é utilizada para armazenar os arquivos e os programas que estão sendo executados, como sistema operacional.

Detacamos que uma das principais características da memória RAM é ser volátil, ou seja, os dados se perdem quando reiniciamos o computador. Dessa forma, sempre que ligamos o PC, é realizado todo o processo de carregamento, momento no qual o sistema operacional e os aplicativos usados são transferidos do hard disk para a memória, onde finalmente são executados pelo processador (Morimoto, 2006). Eis a razão pela qual um PC demora para ligar.

O desempenho de um computador é diretamente afetado de acordo com a quantidade de memória RAM disponível, ou seja, quanto mais memória existe em um PC, melhor o desempenho do equipamento na execução dos programas.

A memória e o processador são os dois componentes responsáveis por conferir alta performance e velocidade de processamento a um computador. A capacidade de armazenamento e a velocidade das memórias RAM podem variar de acordo com a tecnologia utilizada. Destacamos, no quadro a seguir, os principais tipos de memória RAM utilizados e suas respectivas características.

Quadro 2.2 – Tipos de memória RAM

Sigla	Descrição	Velocidade	Capacidade
EDO	Extended Data Out	66 MHz	4 a 64 MB
DIMM	Double In Line Memory Module	100 e 133 MHz	16 a 512 MB
DDR	Double Data Rate	200 MHz	128 MB a 2,4 GB

Memória ROM

A sigla ROM refere-se a *Read Only Memory*, ou *memória somente de leitura*. Nesse tipo de memória, as informações são gravadas pelo fabricante uma única vez e, portanto, não podem ser alteradas ou apagadas, mas somente acessadas. A memória ROM é integrada à placa mãe do computador; toda vez que o ligamos, essa memória é acessada. É realizada nesse momento a leitura da Bios – Basic Input Output System, que é responsável pelo teste inicial do sistema, também chamado de *Post – Power On Self Test*. Na memória ROM são registradas as configurações do hardware e as informações referentes à data e à hora do sistema. Para que esses dados estejam sempre atualizados, existe uma bateria acoplada à placa mãe que mantém essas informações armazenadas. O ato de inicializarmos o computador também é chamado de *boot*.

Destacamos três tipos básicos de memória ROM: Prom, Eprom e Earom. O quadro a seguir apresenta cada um deles.

Quadro 2.3 – Tipos de memória ROM

Tipo	Descrição	Características
Prom	Programmable Read Only Memory	Gravação permanente através de reações físicas e aparelhos especiais.
Eprom	Electrically Programmable Read Only Memory	É possível apagar através do uso de radiação ultravioleta.
Earom	Electrically Alterable Read Only Memory	É possível apagar através da aplicação de voltagem elétrica.

Outro tipo de memória ROM encontrada no mercado é a FlashROM, uma memória flash semelhante à Eprom, porém mais rápida e de menor custo, que permite atualizações por meio de softwares especializados.

Memória cache

Alguns processadores mais velozes, tais como o Core™ 2 Duo, o Phenom™, o Pentium® e o Athlon™, têm uma memória integrada denominada *cache*. Por meio de um dispositivo chamado *controlador de cache*, a memória RAM solicita sua utilização ao processador. Nesse momento, os dados mais utilizados pela memória RAM são transferidos para a memória cache, conferindo maior rapidez ao processamento das informações.

A capacidade da memória cache pode atingir 12 MB na tecnologia multicore.

2.2.3 Dispositivos de entrada

Muitas vezes denominados *periféricos de entrada*, os dispositivos de entrada são responsáveis pela introdução de dados, imagens ou sons. Listamos os principais a seguir:

- teclados;
- mouses;
- câmeras digitais ou filmadoras;
- telas de toque;
- microfones;

- equipamentos de biometria*;
- scanners**.

2.2.4 Dispositivos de saída

Dispositivos de saída são equipamentos que permitem a visualização ou a consulta de informações geradas após o processamento. São exemplos de dispositivos ou periféricos de saída:

- monitores de vídeo;
- impressoras;
- caixas de som;
- óculos para aplicações de realidade virtual.

2.2.5 Dispositivos de comunicação

Os dispositivos de comunicação são responsáveis pelas interfaces diversas de um sistema de computador com seus vários periféricos. Podemos citar como exemplo as placas de som, as quais permitem que uma música possa ser ouvida, ou a placa de rede ou de modem, a qual permite que um computador possa conectar-se à internet.

Vejamos os principais dispositivos de comunicação utilizados em um sistema de computador:

- **Placa de vídeo** – Para que uma imagem ou informação apareça no monitor de vídeo, é necessária a existência de uma placa de vídeo. Algumas vêm acopladas à própria motherboard, ou placa mãe***. Nesse caso, temos uma placa on board****. É interessante ressaltarmos que, quando a placa de vídeo é on board, recursos da memória RAM

---

*   *Biometria* refere-se a novas tecnologias de reconhecimento, tais como digital, íris, palma da mão e voz.

**   Tipos de hardware destinados à conversão de documentos analógicos (em formato de texto ou imagem) em imagens digitais.

***   Placa principal de um sistema de computador do tipo PC na qual todos os componentes são conectados.

**** O termo *on board* indica que o dispositivo de comunicação está integrado na motherboard ou placa mãe.

são utilizados para seu funcionamento, comprometendo, assim, a performance do equipamento. Muitos softwares, principalmente de aplicações gráficas e jogos, requerem placas sofisticadas e com alta capacidade de resolução de vídeo.

- **Placa de som** – Responsável pela comunicação do PC com as caixas de som, normalmente é on board. Em caso de necessidade de tratamento profissionalizado de som, encontramos no mercado placas potentes e softwares sofisticados.
- **Placa de rede** – Quando necessitamos nos comunicar com outros computadores ou nos conectar à internet, via rede de alta velocidade (ver Seção 2.5 – "Redes de computadores"), precisamos utilizar uma placa de rede, que também pode ser on board.
- **Placa de modem** – Para o acesso a uma rede discada, ou seja, a partir de uma linha telefônica, é necessário usarmos uma placa de modem para converter o sinal digital do computador em um sinal analógico da linha telefônica. Mais uma vez, a opção on board está disponível para esse tipo de dispositivo.

É muito empregada também a comunicação com periféricos externos, tais como impressoras, mouses e teclados. Para isso, um sistema de computador é composto por algumas interfaces denominadas *portas*. Entre as diversas tecnologias de portas de interface existentes, destacamos as seguintes:

- **Porta paralela** – É indicada para conexões com impressoras.
- **Porta serial** – É indicada para conexões de mouses e scanners de mão.
- **Porta USB (Universal Serial Bus, ou barramento serial universal)** – É a conexão mais prática utilizada atualmente e reconhece o dispositivo imediatamente à sua conexão, não sendo necessário reiniciarmos a máquina para efetivarmos seu funcionamento. A tecnologia USB permite que o dispositivo conectado seja alimentado (sem estar diretamente ligado à tomada elétrica) por cabo de dados. É indicada para conexões de periféricos diversos, tais como mouses, teclados, câmeras digitais e impressoras.

2.2.6 Dispositivos de armazenamento

Os dispositivos de armazenamento permitem a recuperação de uma informação específica. Assim, ao contrário da memória principal, ou RAM, mantêm os dados para que os usuários os acessem quando necessário. Além disso, são não voláteis e não se perdem ao desligarmos o equipamento. Vejamos os principais dispositivos de armazenamento disponíveis no mercado:

- **Hard disk (HD)** – Também chamado de *winchester* ou *disco rígido*, sua função é armazenar os arquivos de um usuário (dados, fotos, músicas etc.). As informações são armazenadas de forma magnética. A capacidade de armazenamento desse dispositivo é medida em gigabytes*. Atualmente, temos HDs de até 400 GB, porém algumas empresas já estão disponibilizando no mercado produtos com capacidade de armazenamento da ordem de terabytes**, unidade bem superior ao GB. Os principais fabricantes são Samsung, Maxtor, Hitachi, Seagate e IBM.

- **Disquete** – É o tradicional disco flexível. Popular e de fácil manuseio, apresenta uma limitação de espaço de armazenamento, que atinge a marca de 1,44 MB. Tendo em vista a explosão de arquivos multimídia, sua utilização vem sofrendo drástica queda.

- **Gravadores de CD e DVD** – São dispositivos de armazenamento que vêm sendo utilizados com muita frequência. Sua vantagem está no fato de que permitem uma grande mobilidade dos dados por parte do usuário. Uma informação gravada em mídia específica pode ser transportada facilmente.

- **Zip drive** – Apresenta uma grande semelhança com o disquete, porém tem alta capacidade de armazenamento de dados. Os primeiros zip drives lançados no mercado tinham de 100 a 250 MB de

---

*   Unidade utilizada para medir a capacidade de armazenamento de um hard disk que equivale a 10^6 bytes.

**   Unidade de medida de armazenamento que equivale a 10^9 bytes. É a unidade superior ao gigabyte.

capacidade de armazenamento, e atualmente encontramos unidades com até 750 MB. Além disso, o zip drive é mais resistente do que o disquete e é utilizado normalmente como dispositivo de backup. Pode ser interno, fazendo parte do próprio computador, ou externo. A Iomega, empresa fornecedora de soluções de armazenamento de dados, é a principal fabricante desse produto no mercado mundial.

- **Unidade de fita dat** – Os primeiros tipos de fitas utilizadas para armazenamento de dados foram as fitas streamer, que eram usadas principalmente para armazenamento de backups. Sua aparência era a de uma fita usada em gravadores de rolos antigos. As fitas dat são menores (semelhantes a uma fita de vídeo, mas em tamanho reduzido), mais fáceis de armazenar e mais seguras, além de permitirem um armazenamento maior de dados. Sua capacidade é da ordem de 2 a 4 GB. Assim, aparecem no mercado atual como uma das melhores opções para backup de grandes volumes de dados.

Os computadores podem ser classificados de diversas formas: de acordo com sua arquitetura, sua performance etc. Para fins didáticos, nós os classificamos de acordo com seu porte, a saber:

- **Grande porte** – Normalmente são representados pelos mainframes, que são grandes computadores utilizados em CPDs e/ou em grandes empresas que têm ampla necessidade de processamento e armazenamento.
- **Médio porte** – São computadores utilizados com grande frequência por instituições como universidades e centros de pesquisa e desenvolvimento. Também são caracterizados, muitas vezes, por computadores denominados *workstation*, computadores de médio porte, mas com grande capacidade de processamento, utilizados principalmente para cálculos complexos.
- **Pequeno porte** – São os populares microcomputadores. Podem ser de uso residencial ou ser utilizados como estação de trabalho

em redes do tipo cliente-servidor. Enquadram-se nesta categoria, também, laptops e palmtops.

2.3 Software

A utilização comercial da informática nas empresas teve início por volta dos anos 1960. O software era um item menos dispendioso que o hardware, e nem todos imaginavam que essa situação se inverteria tão rapidamente. Dois motivos, segundo Turban, Rainer Junior e Potter (2003), foram responsáveis pelo aumento considerável do valor de um software:

1. a diminuição dos preços do hardware; e
2. o processo de desenvolvimento de software, que é lento, complexo e propenso a erros.

Podemos definir *software* como um conjunto de instruções geradas por meio de linguagens de programação que orientam qual processamento deve ser realizado pelo hardware. Portanto, o software comanda o funcionamento do hardware.

O processo de gerar instruções ou programas é denominado *programação*, e os profissionais que executam essa atividade são os *programadores*. Para essa atividade, é utilizada uma linguagem de programação, a qual permite a um programador desenvolver os conjuntos de instruções que constituem um programa de computador. Cada linguagem apresenta sintaxe e usos específicos (O'Brien, 2001).

Segundo Stair (2004), as linguagens de programação podem ser divididas em cinco grupos:

- 1ª geração: linguagem de máquina;
- 2ª geração: linguagem Assembly;

- 3ª geração: linguagem de alto nível;
- 4ª geração: linguagem de perguntas e banco de dados;
- 5ª geração: linguagem natural e inteligente.

Entre as diversas linguagens de programação existentes, podemos destacar as seguintes:

- **Delphi e Visual Basic**® – São linguagens para desenvolvimento de aplicações visuais baseadas na interface*Windows®.
- **Java** – É a linguagem utilizada para a construção de aplicações para web.
- **C++** – É uma linguagem poderosa utilizada no desenvolvimento de aplicativos e sistemas operacionais.

Podemos classificar os softwares de diversas maneiras, mas nesta obra estudaremos apenas duas categorias principais: software de sistemas e software aplicativo.

2.3.1 Software de sistemas

Principal programa responsável pelo funcionamento de um computador, o software de sistemas tem a finalidade de gerenciar a interface com o usuário, controlando os comandos que este solicita, como gravar um arquivo ou imprimir um documento. Também conhecido como *sistema operacional* (SO), o software de sistemas é o primeiro programa a ser instalado em um computador. Existem diversos SOs disponíveis no mercado, mas destacamos o Windows®, fabricado pela Microsoft®, e o Linux, software livre que não apresenta custo de aquisição de licença.

A propósito, o que vem a ser a licença de um software? Podemos definir *licença de software* ou *licenciamento* como o direito de uso de um software mediante pagamento. No caso do sistema Windows®, há a necessidade de aquisição de uma licença por máquina. O valor da licença é determinado pelo fabricante do produto, no caso, a Microsoft®. No entanto, existem SOs que não apresentam esse custo, por exemplo, o Linux. Tal situação se

---

* Interface é um elemento responsável pela comunicação entre o usuário e o computador.

deve ao fato de o Linux ser um sistema do tipo *open source*, ou seja, é um software de código aberto que está disponível para quem desejar utilizá-lo. Vamos entender um pouco mais sobre os SOs Windows® e Linux.

Sistema operacional Windows

A empresa criadora do Windows® é a Microsoft®. Seu proprietário acumula, desde o lançamento de sua primeira versão de SO para PC, o MS-DOS®, a maior fortuna pessoal do planeta.

Conforme mencionado, o produto que impulsionou a supremacia atual da Microsoft® no segmento de SOs foi o DOS, que é sigla de *Disk Operating System*, ou *sistema operacional de disco*. Quando utilizávamos esse tipo de SO, ele era armazenado em um disquete e tínhamos de colocá-lo no drive de disquete para que o PC pudesse ler o sistema e carregá-lo para a memória RAM (ver Seção 2.2.2 – "Memória"). Sua interface era baseada em comandos que digitávamos para executar determinadas operações.

Entretanto, uma revolução no segmento de sistemas se desencadeou quando chegou ao mercado a primeira versão de um sistema com base em interface gráfica que, para ser utilizado, exige o auxílio de um periférico denominado *mouse*. Surgia no mercado o Windows®. Vejamos, de forma breve, a evolução do SO Windows®:

- Windows® 3.0 – Lançado em 1985, explodiu no mercado em 1990 e eliminou a necessidade de digitação manual de comandos. O usuário passou a acessar janelas, daí o nome Windows® (que significa "janela" em inglês).
- Windows® 3.1 – Lançado em 1991 nos Estados Unidos e em 1992 no Brasil, apresentou uma melhora na interface visual.
- Windows® 3.11 – Com recursos adicionais para trabalhar em ambiente de rede, surgiu em 1993. Permitia interação entre softwares, como Word® e Excel®.
- Windows NT® – Foi a versão lançada em 1993 para trabalhar em ambiente de rede.

- Windows® 95 – Introduziu o conceito de desktop, que permitia "arrastar" arquivos usando o mouse. Apresentou a inédita tecnologia plug and play*.

- Windows® 98 – Versão que permitiu a integração do SO à internet, foi lançado com o navegador Windows Explorer®.

- Windows® 2000 – Evolução da versão Windows NT®, era mais estável e tinha novas funcionalidades.

- Windows XP® – Lançado em 2001, introduziu uma nova interface gráfica e alguns recursos adicionais para atividades multimídia. Assim, a plataforma DOS foi completamente abandonada. Houve a conversão em uma versão única, tanto para usuários domésticos como para ambientes de rede.

- Windows Vista® – Lançado em 2006, introduziu uma outra interface gráfica e alguns recursos adicionais para atividades multimídia. Houve a conversão em uma versão única, tanto para usuários domésticos como para ambiente de rede.

- Windows 7® – Em 2009, foi lançado no mercado o Windows 7, com foco na facilidade de configuração das redes sem fio, proporcionando a possibilidade de compartilhar arquivos e impressoras. Visualmente, houve uma significativa melhora, cabendo destaque ao novo modo de trabalhar com janelas, sendo possível visualizá-las apenas com o passar do mouse.

- Windows 8® – Com sua primeira versão lançada em 2012, apresentou a nova interface Metro com foco na integração de dispositivos móveis, tais como smartphones e tablets, além de laptops e desktops, cuja funcionalidade principal baseia-se na tecnologia touchscreen (tela sensível ao toque). Outra novidade do Windows 8® foi a substituição do menu *Iniciar*, pela tela *Iniciar* com Live Tiles (Figura 2.2)

---

* Tecnologia que permite ao usuário realizar configurações e instalações automáticas de dispositivos e softwares ao ligar a máquina, eliminando a necessidade de conhecimentos avançados de informática.

Figura 2.2 – Tela inicial do SO Windows 8®

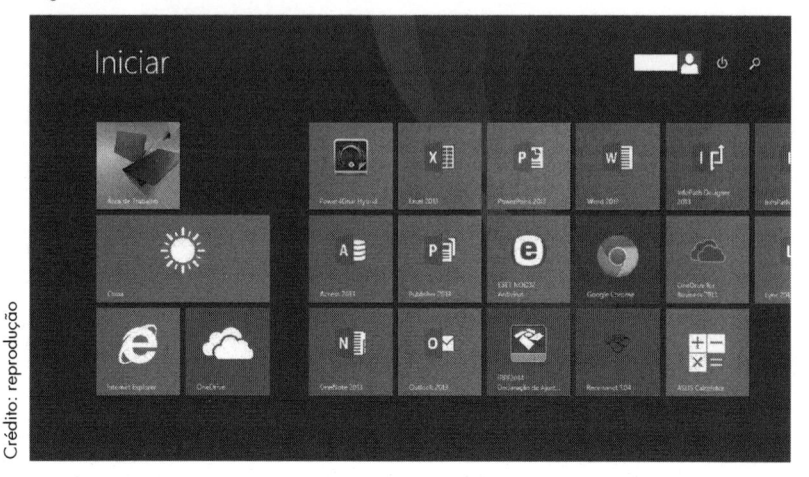

Para saber mais

MICROSOFT. **Windows 8.1®**. Disponível em: <http://windows.microsoft.com/pt-br/windows-8/meet>. Acesso em: 6 jul. 2015.

A versão mais atual do SO da Microsoft® é o Windows 8.1®. Lançada em 2013, um ano após o lançamento do Windows 8®, traz novas funcionalidades que melhoram a experiência do usuário com o novo SO da Microsoft®. Destaque para o retorno do botão *Iniciar*, melhorias na segurança, novas possibilidades de personalizações e o Internet Explorer na sua versão 11. As novas edições são Windows RT 8.1® (não vendida no varejo), Windows 8.1®, Windows® 8.1 Pro e Windows 8.1® Enterprise. Para saber mais sobre o Windows 8®, visite a página da Microsoft®:

MICROSOFT. **Compare as edições do Windows 8.1®**. Disponível em: <http://www.microsoft.com/pt-br/windows/enterprise/products-and-technologies/windows-8-1/compare/default.aspx>. Acesso em: 6 jul. 2015.

Sistema operacional Linux

Antes de tratarmos do SO Linux, precisamos abordar o SO que foi o seu precursor. Estamos nos referindo ao Unix®, que é um SO fornecido com o código-fonte livre. Diversas empresas, tais como IBM, AT&T, Hewlett-Packard e DEC, na década de 1970, começaram a desenvolver sua própria versão do Unix®. As diversas versões, porém, não eram padronizadas, o que prejudicava muito seu sucesso comercial. O Unix®, mesmo com o código-fonte disponível, era extremamente grande e complexo, tornando inviáveis para os usuários seu entendimento e uso pleno. Além disso, sua manutenção era muito dispendiosa. A partir da possibilidade de desenvolver, com base no Unix®, um SO mais simples e mais aderente às necessidades dos usuários, surgiu o Linux.

Esse sistema foi criado em 1991 por Linus Torvalds, que na época era um estudante de Ciência da Computação da Universidade de Helsinki, na Finlândia. Hoje é possível baixarmos versões do Linux pela internet. O Linux oferece algumas vantagens em relação ao Windows®, entre as quais podemos destacar:

- não apresenta custo de licenciamento;
- apresenta maior nível de segurança;
- é mais estável e não "trava";
- apresenta código-fonte aberto.

Contudo, algumas desvantagens em relação ao Windows® também merecem destaque, entre as quais apontamos:

- apresenta custo de manutenção elevado;
- existe carência de mão de obra especializada;
- é incompatível com inúmeros softwares e hardwares;
- apresenta interface menos amigável.

Uma questão importante que devemos observar é o surgimento de entidades denominadas *distribuidoras*. Uma distribuidora de produtos Linux consiste em uma empresa que, de posse do código original do Linux, faz modificações e melhorias no produto e se beneficia vendendo serviços agregados à sua versão. Podemos destacar algumas distribuidoras que atuam nesse mercado, tais como Conectiva e Red Hat.

2.3.2 Software aplicativo

Um software aplicativo consiste basicamente em um programa que desempenha atividades e aplicações (comerciais ou pessoais) específicas para um usuário.

Os aplicativos mais utilizados são as suites office*, utilizadas para a automação de escritórios. Como exemplo, podemos citar o Microsoft Office® e o OpenOffice**, este último em versão gratuita.

Uma suite office apresenta os seguintes aplicativos:

- editor de textos;
- planilha eletrônica;
- editor de páginas HTML;
- ferramenta de correio eletrônico;
- software de apresentações;
- gerenciador de banco de dados.

2.4 Banco de dados

Os bancos de dados são responsáveis pelo armazenamento dos dados de uma empresa. Todas as informações, como aquelas relativas a produtos em estoque, clientes e fornecedores, por exemplo, ficam armazenadas em um banco de dados. Stair (2004) afirma que, se uma organização não possui dados ou a capacidade de processá-los, não terá condições de obter sucesso em grande parte de suas atividades empresariais. Os bancos de dados são compostos por arquivos, que, por sua vez, são constituídos por registros,

---

* Conjuntos de pacotes aplicativos que integram as principais funções de um escritório.
** Aplicativo do tipo suite para escritório, disponível para download em: <http://www.openoffice.org/pt-br/>.

os quais são formados por campos. Vejamos um exemplo: o banco de dados de uma empresa é composto por dois arquivos, de clientes e de produtos. O arquivo de clientes é formado por 100 registros, ou seja, 100 clientes. Cada registro de um cliente é composto por vários campos, como nome, endereço e telefone do cliente.

Como uma empresa pode possuir diversos bancos de dados, foram desenvolvidos os sistemas gerenciadores de bancos de dados – SGBDs, programas específicos utilizados para gerenciar a interface entre sistemas e aplicativos e o usuário. Um SGBD permite que uma empresa gerencie seus dados de forma mais eficiente, eliminando problemas como redundância de dados e possibilitando maior integridade dos dados. Os bancos de dados constituem, pois, a matéria-prima para os sistemas de informação.

Uma noção importante e que merece ser estudada com maior atenção é o conceito de linguagem SQL, sigla de *Structured Query Language*, ou *linguagem de consulta estruturada*. Termo originalmente utilizado pela IBM[*] e atualmente de domínio público, refere-se a uma linguagem padrão para consulta em um banco de dados relacional, o qual consiste em um conjunto de diversas tabelas que se relacionam entre si por meio da utilização de um SGBD.

O SQL é uma linguagem declarativa que se baseia em três comandos básicos: *select*, *from* e *where*. Para simplificar, utilizaremos o nome dessas declarações ou comandos em português – *selecione*, *a partir de* e *onde* –, os quais são descritos a seguir:

a. **Selecione** – comando que permite ao usuário definir os campos que irão constar no relatório.
b. **A partir de** – comando que possibilita informar a partir de qual banco de dados o programa deve fazer a busca.
c. **Onde** – comando pelo qual é estabelecida uma condição de consulta. Para tanto, usamos operadores relacionais, tais como = (igual), > (maior que) e < (menor que).

---

[*] Maior empresa da área de tecnologia da informação do mundo, oferece serviços de infraestrutura, hospedagem e consultoria.

Vamos partir de uma situação hipotética: um determinado usuário pretende montar um relatório de clientes de acordo com a cidade em que eles nasceram; porém, ele precisa apenas dos nascidos no Estado do Paraná.

Como ficaria a consulta em SQL desse usuário?
Selecione: nome, cidade, telefone
A partir de: cliente
Onde: estado = Paraná

Podemos verificar, por meio dessa exemplificação, toda a praticidade e o potencial dessa ferramenta. É bem verdade que nosso exemplo não apresentou complexidade na resolução, mas é certo que com a utilização do SQL uma empresa pode atingir um alto grau de eficácia na confecção de seus relatórios gerenciais.

2.5 Redes de computadores

Dois ou mais computadores conectados constituem uma rede de computadores (network). Uma rede disponibiliza as ferramentas de comunicação que permitem aos computadores o compartilhamento de informações e serviços. Para que dois computadores compartilhem informações, fazemos uso de protocolos, isto é, conjuntos que definem as regras e procedimentos que permitem a comunicação entre os equipamentos da rede. Alguns protocolos são bastante conhecidos, como o TCP e o IP*, responsáveis pelo funcionamento da internet.

Em algumas redes de computadores, encontramos uma estrutura denominada *arquitetura cliente/servidor*, ou seja, uma máquina com maior capacidade de processamento desempenha o papel de servidor de arquivos, e as demais máquinas ou estações de trabalho compartilham informações

---

* Transmission Control Protocol – TCP e Internet Protocol – IP são dois protocolos utilizados para transmissões via internet.

entre si e com o servidor por meio de um hub* ou switch**. Esse modelo é o mais utilizado pelo mercado.

Uma rede de computadores apresenta inúmeros benefícios para uma empresa, entre os quais destacamos:

- o compartilhamento de recursos – hardware, periféricos e arquivos de bancos de dados;
- a conectividade, sem limitações geográficas, entre empresas do mesmo grupo (matriz e filiais) ou mesmo interligações entre empresa e fornecedores e/ou parceiros.

As pessoas também se beneficiam da tecnologia de rede por meio de acesso a informações remotas, comunicação pessoa a pessoa e diversão interativa. Vejamos cada um desses benefícios:

a. **Acesso a informações remotas** – serviços de bancos eletrônicos, compras por catálogo, jornais e periódicos on-line, acesso à World Wide Web, que contém dados sobre artes, saúde, governo, história, esportes etc.

b. **Comunicação pessoa a pessoa** – correio eletrônico ou e-mail, videoconferência, newsgroup etc.

c. **Diversão interativa** – vídeo sob demanda, jogos de simulação em tempo real etc.

Atualmente, quanto maior a conectividade de uma empresa, mais competitiva ela se torna. Por *conectividade* entendemos a capacidade que os diversos recursos computacionais têm de se comunicar entre si por meio de equipamentos de rede, sem a intervenção humana (Turban; McLean; Wetherbe, 2004). Um exemplo atual de tecnologia aplicada nas empresas que reflete tal cenário é o Eletronic Data Interchange (EDI), ou intercâmbio eletrônico de dados, o qual se constitui em uma aplicação em rede que transmite um arquivo eletrônico ou documento de uma empresa para

---

*   Equipamento utilizado para interconectar máquinas em uma rede.
**   Tem a mesma finalidade do hub, mas apresenta maior velocidade na comunicação entre as máquinas.

outra. Um exemplo de utilização dessa tecnologia é a transmissão da folha de pagamento de uma empresa para uma instituição bancária.

As redes de computadores podem ser classificadas em três categorias, de acordo com sua abrangência:

- **Redes LAN (Local Area Network)** – São as redes locais que conectam computadores e dispositivos dentro de um ambiente pequeno. Normalmente, uma LAN atinge o tamanho máximo de um prédio ou *campus* universitário.
- **Redes MAN (Metropolitan Area Network)** – São as redes metropolitanas com abrangência superior à das LANs. Podem interligar filiais em cidades ou municípios distantes. Utilizam-se muitas vezes de linhas de transmissão de voz ou fibras ópticas.
- **Redes WAN (Wide Area Network)** – São as redes geograficamente distribuídas e cuja abrangência atinge países e continentes. Fazem uso das mesmas tecnologias de linhas de transmissão das MANs.

Síntese

Neste capítulo, buscamos transmitir os principais conceitos relacionados à TI. Primeiramente, enfocamos a abrangência desse termo e delimitamos, para esta obra, o estudo de hardware, software, banco de dados e redes de computadores. Pudemos analisar, de forma detalhada, os principais componentes de um sistema de computador: dispositivos de processamento, memória, entrada, saída, comunicação e armazenamento. Destacamos, ainda, a classificação dos computadores de acordo com seu porte: grande, médio e pequeno. Em seguida, apresentamos os tipos de software: de sistemas – focando, em especial, a evolução do SO Windows® e também o SO Linux, seu principal concorrente – e de aplicativos, identificando diversas situações empresariais que podem ser assistidas por um software aplicativo. Também abordamos aspectos relacionados ao desenvolvimento de software e programação, bem como aos bancos de dados e sua estrutura, a qual pode ser dividida em arquivos, registros e campos. Apresentamos, ainda, a linguagem SQL e seu funcionamento e, por fim, focalizamos o conceito de redes de computadores e seus benefícios, enfatizando a importância da conectividade, além da classificação dos tipos de rede – LAN, MAN e WAN.

Questões para revisão

1. Diferencie informática de tecnologia da informação.
2. Explique as principais diferenças entre o Windows® e o Linux.
3. Com relação aos componentes essenciais de um computador, assinale V para as alternativas verdadeiras e F para as alternativas falsas:

    ( ) Unidade central de processamento – CPU.
    ( ) Dispositivos de entrada.
    ( ) Dispositivos de armazenamento.
    ( ) Sistema operacional.

4. Assinale a alternativa **incorreta** quanto aos sistemas operacionais:

    a. O Office® é um sistema operacional fabricado pela Microsoft®.
    b. O Linux é um software livre.
    c. O Windows® apresenta interface amigável.
    d. São exemplos de sistemas operacionais o Linux e o Unix®.

5. Complete as lacunas em aberto:

    O _____ é um conjunto de softwares aplicativos para solução de escritórios.
    O _____ é um software proprietário.
    O sistema operacional Linux é um software de código-fonte _____.
    O _____ é o precursor do sistema operacional Linux.

    a. Office® – Linux – livre – Unix®.
    b. Excel® – Windows® – freeware – Unix®.
    c. Office® – Windows® – livre – Unix®.
    d. Linux – Windows® – freeware – Unix®.

Questões para reflexão

1. Constantemente, vemos o lançamento de novas versões de sistemas operacionais e novos modelos de computadores pessoais. Qual é a relação entre a evolução dessas duas tecnologias?

2. O aumento do volume de informações e a dependência que as pessoas têm dos dados armazenados acarretam inúmeros problemas quanto à segurança. Qual é a forma mais segura de evitar uma eventual perda de informações valiosas?

A empresa e os sistemas de informação

Conteúdos do capítulo

- A importância dos sistemas de informação para as organizações.
- Conceitos e definições.
- Componentes de um sistema.
- Ciclo de vida do desenvolvimento de sistemas.
- Resistência das pessoas na implantação e no uso de sistemas de informação.
- Principais sistemas empresariais básicos.

Após o estudo deste capítulo, você será capaz de:

1. conceituar *sistemas de informação*;
2. compreender a importância dos sistemas de informação para as organizações;
3. entender a empresa como um sistema;
4. reconhecer as partes que compõem um sistema;
5. identificar os principais sistemas empresariais básicos.

Neste capítulo, vamos tratar da interação entre a empresa e seus sistemas de informação – SIs. Com este estudo, poderemos compreender a relevância dos SIs para uma organização, suas principais utilizações nesse ambiente, a dependência entre uma organização e seus SIs, bem como identificar os sistemas empresariais básicos.

capítulo 3

3.1 Conceitos iniciais

Antes de discutirmos os principais conceitos de SI, é importante compreendermos o conceito de **sistema**. É fundamental reconhecermos que esse conceito nem sempre se relaciona com a computação, embora, por diversas vezes, seja vinculado a ela. Interagimos com sistemas inúmeras vezes no dia a dia: sistema de transporte, sistema de comunicação, sistema escolar, sistema de energia elétrica, entre outros. Mas, afinal, qual a definição do termo *sistema*? Podemos defini-lo como "o conjunto de elementos interdependentes, ou um todo organizado, ou partes que interagem formando um todo unitário e complexo" (Batista, 2004, p. 13). Para Polloni (2000, p. 23), *sistema* corresponde a um "conjunto de partes coordenadas que concorrem para realização de um conjunto de objetivos".

Um sistema pode ser dividido em partes menores, que, no entanto, permanecem com as mesmas características de sua totalidade: são os chamados *subsistemas*. Portanto, um conjunto de subsistemas forma um sistema. Como exemplo, podemos citar o sistema de transporte de uma cidade, o qual pode ser composto por diversos subsistemas, tais como o subsistema de transporte urbano (ônibus), o ferroviário (trem) e o metroviário (metrô). Salientamos que cada um deles funciona de forma independente, mas, se algum falhar, irá comprometer o todo, ou seja, o sistema de transporte de modo geral. Na Figura 3.1, representamos esse exemplo de forma gráfica.

Figura 3.1 – Sistema de transporte

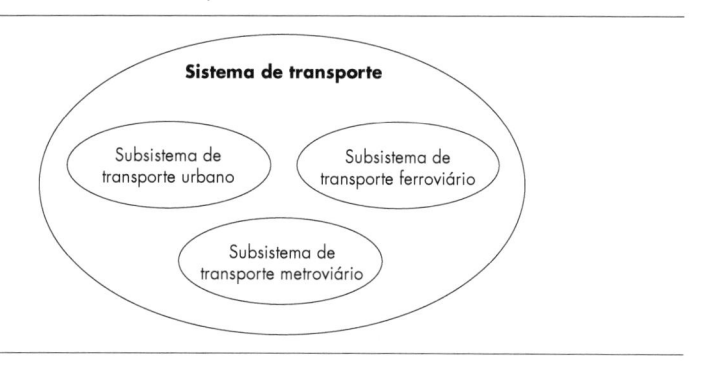

Sistema de transporte
- Subsistema de transporte urbano
- Subsistema de transporte ferroviário
- Subsistema de transporte metroviário

Fonte: Stair, 2004, p. 23.

3.2 A empresa vista como um sistema

Quanto à sua natureza, um sistema pode ser aberto ou fechado. Um sistema fechado não apresenta interação com o ambiente externo e, assim, não o influencia nem é influenciado por ele. Já um sistema aberto apresenta interação com o ambiente externo, resultando em um processo de troca em que sofre e imprime mudanças em relação a este. De acordo com Bertalanffy (1977), considerado o pai da **teoria geral de sistemas** – TGS, "do ponto de vista físico, o estado característico de um organismo vivo é o de um sistema aberto. Um sistema é fechado se nenhum material entra ou deixa-o, é aberto se há importação e exportação e, consequentemente, mudança dos componentes."

Uma empresa pode ser entendida, então, como um sistema aberto, pois interage constantemente com o meio ambiente, sendo que influências externas, muitas vezes, podem ser consideradas fatais. A partir deste ponto, vamos nos concentrar no estudo do sistema empresa.

Para saber mais

BERTALANFFY, L. V. **Teoria geral dos sistemas**. Petrópolis: Vozes, 1977.

A teoria geral de sistemas foi desenvolvida em 1968 por Ludwig von Bertalanffy e afeta as organizações e os processos ainda nos dias de hoje.

No sistema *empresa*, podemos identificar três componentes básicos: entradas, processamento e saídas. As entradas constituem a matéria-prima utilizada pela empresa, a qual é processada, gerando um produto final ou serviço. Esses componentes, por sua vez, estão sujeitos às variações do ambiente externo e, portanto, devem ser constantemente monitorados. O ambiente externo de um sistema é um conjunto de elementos que, embora não façam parte do sistema, causam impacto direto nele, caso sofram qualquer alteração. Na Figura 3.2, exemplificamos essa afirmação.

Figura 3.2 – Sistema *empresa* visto como um sistema aberto

```
                    Situação política
    Economia              ↓              Concorrência
        ↘                                    ↙
      ┌─────────────────────────────────────────┐
      │  Entradas                      Saídas   │
      │  Materiais,    ┌─────────────┐ Produtos,│
      │  equipamentos, →│Processamento│→ bens,  │
      │  energia etc.  └─────────────┘ serviços.│
      └─────────────────────────────────────────┘
        ↗              ┌──────────────┐    ↖
  Novas tecnologias    │Ambiente externo│   Governo
                       └──────────────┘
```

Fonte: Adaptado de BIO, 1996, p. 19.

Analisando a Figura 3.2, podemos compreender a importância de estudarmos a empresa como um sistema, principalmente em razão do fato de o ambiente externo estar em constante mutação e, assim, exigir que a empresa estabeleça mecanismos de controle adequados, a fim de permanecer competitiva no mercado.

Salientamos, ainda, que é necessário definir a empresa como um sistema aberto também porque seus subsistemas (departamentos) interagem entre si.

3.3 Componentes de um sistema

Podemos compreender melhor um sistema se estudarmos seus componentes de forma detalhada. Basicamente, um sistema apresenta, de acordo com Oliveira (2001), seis componentes, os quais discutimos a seguir:

- **Objetivo** – É a própria razão de ser do sistema, ou seja, é a finalidade para a qual foi criado.
- **Entradas** – Constituem toda matéria-prima que inicia o processo de transformação, ou seja, o material, a energia ou os dados que dão início ao processo.
- **Processamento** – É a função que possibilita a transformação de insumos (entrada) em um produto, serviço ou resultado (saída).
- **Saídas** – Correspondem aos resultados do componente *processamento*, podendo ser um produto ou serviço e devendo ser coerentes com o objetivo do sistema.
- **Controles e avaliações** – São os mecanismos existentes para que seja possível identificar se as saídas estão coerentes com os objetivos estabelecidos. É importante salientarmos que deve haver controle e avaliação em todos os componentes de um sistema.
- **Retroalimentação** – Também chamada de *feedback* do sistema, pode ser considerada uma nova entrada no sistema. É um instrumento de controle e visa garantir que a finalidade do sistema esteja sendo atingida com sucesso.

A Figura 3.3 apresenta de forma genérica a representação dos componentes de um sistema.

Figura 3.3 – Componente de um sistema genérico

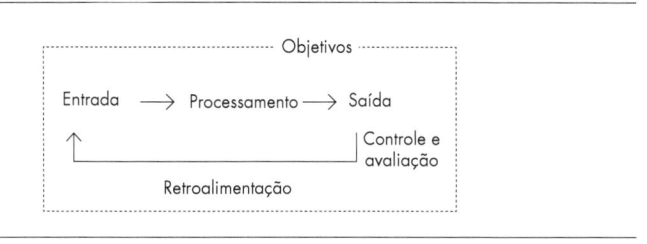

```
                    Objetivos
    Entrada ──→ Processamento ──→ Saída
      ↑                          │ Controle e
      └──────────────────────────┘ avaliação
              Retroalimentação
```

Fonte: Adaptado de Laudon; Laudon, 2010, p. 12-13.

3.4 Sistemas de informação

Conforme estudamos no Capítulo 1, informações são dados dotados de significado e relevância. Podemos deduzir, então, que a principal função de um SI é transformar dados em informações úteis para o processo de tomada de decisões. Essa transformação está representada na Figura 3.4.

Figura 3.4 – Representação gráfica de um sistema de informação – SI

```
  Dados  ──→  Processamento  ──→  Informações
```

Fonte: Adaptado de Stair, 2004, p. 11.

Vamos analisar os conceitos de *sistema* e *informação* separadamente, conforme Batista (2004):

- **Sistema** – É a disposição das partes de um todo que, de maneira coordenada, formam uma estrutura organizada, com a finalidade de executar uma ou mais atividades ou, ainda, um conjunto de eventos que se repetem ciclicamente na realização de tarefas predefinidas.

- **Informação** – É o resultado do tratamento dos dados existentes acerca de alguém ou de alguma coisa.

Com base nessas definições, podemos relacionar os conceitos de sistema e informação, formando um conceito único – **sistema de informação** –, que pode ser entendido como o processo de coleta, armazenamento, recuperação e processamento de informações. Como nosso objeto de estudo é o sistema *empresa*, *sistema de informação* pode ser definido como o processo de transformação dos dados em informações que podem ser utilizadas na estrutura decisória da empresa, a fim de proporcionar sustentação administrativa para otimizar os resultados esperados.

3.5 Dimensões dos sistemas de informação

É bastante comum encontrarmos definições de SI relacionadas à tecnologia da informação ou mesmo à computação. Devemos salientar que, para termos um SI eficiente, não necessitamos obrigatoriamente utilizar recursos tecnológicos. Muitas empresas operam e executam suas diversas funções sem o apoio de SIs estruturados ou informatizados. É bem verdade que, à medida que uma empresa cresce, o volume de suas informações também aumenta, tornando o processo de controle e acompanhamento um tanto quanto complexo. As informações que devem ser sistematizadas em uma empresa estão disponíveis no mercado e, em grande parte, distribuídas pela organização, mas a manipulação dessas informações pode ser aperfeiçoada com a utilização de recursos de computação, facilitando, assim, seu processamento e compartilhamento. Um SI não é composto somente de computadores e softwares específicos. "Um SI é parte integrante da empresa e é um produto de três componentes: tecnologia, organização e pessoas. Não se pode entender ou usar SI em empresas de forma eficiente sem o conhecimento de suas dimensões em termos de organização e de pessoas, assim como de suas dimensões tecnológicas" (Laudon; Laudon, 1999, p. 5).

A dimensão *tecnologia* abrange o estudo de hardware, software, banco de dados e telecomunicações, aspectos abordados no Capítulo 2. Na dimensão *organização*, precisamos observar aspectos relacionados a regras, hierarquia, cultura e divisões. Já na dimensão *pessoas*, devemos atentar para questões relativas à interface, ao treinamento e à ergonomia. Segundo Varajão (1998), a organização e seus SIs são indissociáveis. Tal afirmação implica que, para que possamos compreender os SIs, necessitamos compreender a organização, e vice-versa.

3.6 Ciclo de vida do desenvolvimento de sistemas – CVDS

Antes de um sistema de informação ser concebido, há um longo caminho a ser percorrido. Esse caminho contempla diversas fases, estudos de viabilidade e de alternativas, mapeamentos, desenvolvimento e descrições técnicas que precisam ser percorridas, visando à obtenção de um sistema completo e eficaz. A fim de padronizar tal atividade e visando também otimizar seu desenvolvimento, criou-se o conceito de *ciclo de vida do desenvolvimento de sistemas* – CVDS.

Existem inúmeras metodologias para o desenvolvimento de sistemas de informação; no entanto, todas contemplam fases bem definidas, as quais precisam ser executadas de forma lógica e sequencial. O CVDS define todas as etapas do desenvolvimento de um sistema ou software, desde o estudo de sua viabilidade e o levantamento das necessidades, incluindo sua implantação, até o seu desaparecimento.

O modelo de CVDS apresentado por Gordon e Gordon (2006) contempla seis etapas principais, as quais devem ser desenvolvidas sequencialmente, conforme apresentado na Figura 3.5.

Figura 3.5 – Ciclo de vida do desenvolvimento de sistemas – CVDS

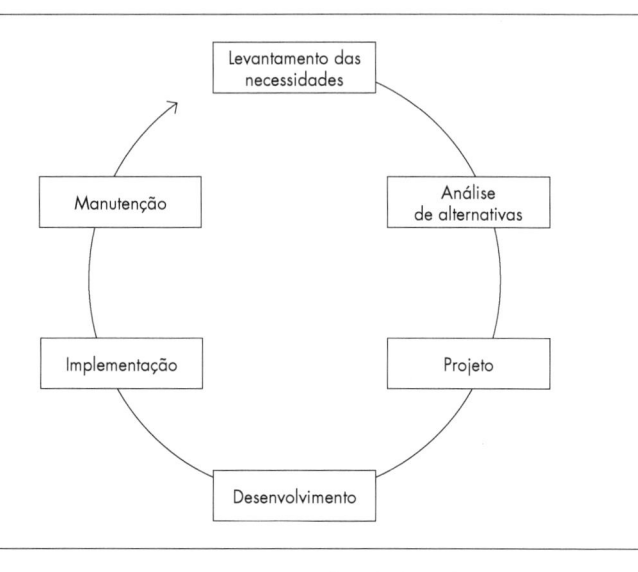

[Diagrama cíclico com as etapas: Levantamento das necessidades → Análise de alternativas → Projeto → Desenvolvimento → Implementação → Manutenção]

Fonte: Adaptado de Gordon; Gordon, 2006, p. 286.

Importante

Por se tratar de um ciclo de vida, chegará um momento em que o sistema não cumprirá mais sua atividade e precisará ser substituído. Em geral, isso ocorre em virtude de mudanças nas variáveis do mercado e do surgimento de novas tecnologias da informação ou em função dos altos custos de manutenção.

3.7 Resistência das pessoas na implantação e no uso de sistemas de informação

Já abordamos, na Seção 3.5, a importância da dimensão *pessoas* quando o tema são os sistemas de informação. Porém, esse componente merece um entendimento mais amplo e deve ser considerado pelos gestores sempre que estiver em curso a implantação de um novo sistema ou o lançamento de novas versões. Um gestor de sistemas precisa exercitar nesse momento a gestão de mudanças.

Para O'Brien (2004, p. 11), "usuários finais (também chamados usuários ou clientes) são as pessoas que utilizam um sistema de informação ou a informação que ele produz".

É natural que as pessoas resistam às mudanças em qualquer atividade ou processo que tragam novidades, e a melhor forma de tratar essa questão é investir em capacitação e treinamento. Outra forma inteligente de diminuir a resistência das pessoas é envolver aqueles que utilizarão o sistema em todo o processo de implantação, se possível até na fase de escolha do sistema. Assim, elas se sentirão parte integrante do projeto e, ao invés de atuarem "contra" o sucesso da implantação, passarão a assumir a responsabilidade pelo êxito e pela ativação da nova tecnologia na rotina da empresa.

No Capítulo 6, abordaremos, em um estudo de caso, o fator humano no sucesso ou no fracasso da implantação de sistemas integrados de gestão.

3.8 Sistemas empresariais básicos

Após termos discutido os principais conceitos de SI, é o momento de associá-los à prática organizacional. Existem diversos tipos de SI indicados para diferentes categorias de problemas e níveis organizacionais. Apresentamos, na Figura 3.6, uma visão esquemática do papel dos principais sistemas empresariais e caracterizamos o **nível organizacional** – operacional, tático e estratégico – e a **área funcional** – de produção, finanças ou contabilidade, recursos humanos, vendas ou marketing e logística – aos quais o SI dá suporte.

Figura 3.6 – Pirâmide dos sistemas de informação – SIs

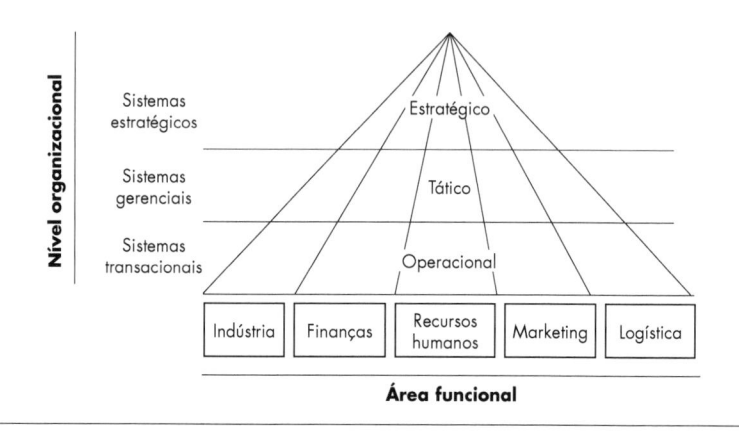

Nível organizacional: Sistemas estratégicos, Sistemas gerenciais, Sistemas transacionais — Estratégico, Tático, Operacional — **Área funcional**: Indústria, Finanças, Recursos humanos, Marketing, Logística.

Fonte: Adaptado de Laudon; Laudon, 1999, p. 27.

Com base na Figura 3.6, podemos identificar que, de acordo com o nível organizacional, devemos utilizar um tipo específico de SI. No nível operacional, os problemas solucionados mediante a aplicação dos SIs são normalmente relacionados a controle ou conferência, atividades que são rotineiras e repetitivas. No nível tático ou gerencial, os SIs dão suporte ao processo de tomada de decisões por meio, principalmente, da emissão de relatórios gerenciais. Por fim, no nível estratégico, o suporte dado pelos SIs refere-se a problemas não estruturados e não repetitivos, voltados à alta direção.

Podemos verificar, ainda com base na Figura 3.6, as principais áreas empresariais beneficiadas com a utilização de SIs, quais sejam: industrial, financeira, recursos humanos, marketing e logística.

A partir do próximo tópico, comentaremos como as empresas utilizam SIs para resolver problemas em áreas empresariais específicas.

Abordaremos os sistemas industriais, financeiros, de recursos humanos, de marketing e de logística com base nas ideias de Stair (2004).

3.9 Utilização de sistemas de informação na indústria

A função principal de um **sistema gerencial industrial** consiste em fornecer subsídios ao gestor da organização por meio de atividades de planejamento e previsão das necessidades de produção, monitoramento e acompanhamento do estoque e, ainda, controle e acompanhamento de processos.

Podemos compreender a estrutura de um sistema gerencial industrial pela análise da Figura 3.7.

Figura 3.7 – Sistema gerencial industrial

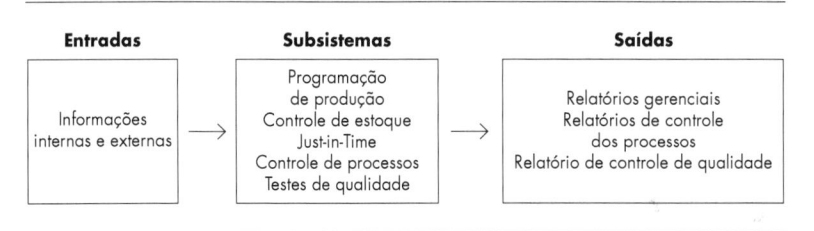

Entradas	Subsistemas	Saídas
Informações internas e externas	Programação de produção Controle de estoque Just-in-Time Controle de processos Testes de qualidade	Relatórios gerenciais Relatórios de controle dos processos Relatório de controle de qualidade

Fonte: Adaptado de Stair; Reynolds, 2006, p. 382.

Segundo Laudon e Laudon (1999), um processo de produção tem geralmente três estágios: logística de entrada, produção e logística de saída. Vejamos cada um deles na Figura 3.8.

Figura 3.8 – Estágios do processo de produção

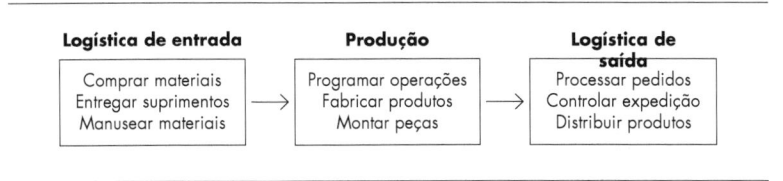

Logística de entrada	Produção	Logística de saída
Comprar materiais Entregar suprimentos Manusear materiais	Programar operações Fabricar produtos Montar peças	Processar pedidos Controlar expedição Distribuir produtos

Fonte: Adaptado de Stair; Reynolds, 2006, p. 384.

Um exemplo de sistema produtivo é um sistema de lista de materiais que pode fornecer aos gerentes e supervisores de fábrica um rol de todos os itens manufaturados que requerem uma peça específica. Esse sistema tem muitas utilidades. No caso de falta ou falha de uma determinada peça, os supervisores visualizam na tela quais produtos finais serão afetados e se podem mudar o plano de entrega, por exemplo. Além disso, o sistema alimenta diretamente os sistemas táticos da empresa que coordenam pedidos, peças disponíveis, custos e data de entrega. Com esses sistemas de produção, as empresas podem responder muito mais rapidamente às necessidades de seus clientes e, caso a integração venha a ser total, têm a possibilidade de chegar a um nível em que seja possível implantar um sistema de produção Just-in-Time (JIT) – em tempo real. No Capítulo 8, discutiremos de forma detalhada os sistemas produtivos industriais.

3.10 Utilização de sistemas de informação de finanças

A função principal de um **sistema gerencial financeiro** é fornecer subsídios ao gestor de finanças de uma organização por meio de análises históricas e atuais das atividades financeiras, de projeção de necessidades futuras e, ainda, de monitoramento e controle do uso dos recursos da empresa.

Podemos compreender a estrutura de um sistema gerencial financeiro por meio da Figura 3.9.

Figura 3.9 – Sistema gerencial financeiro

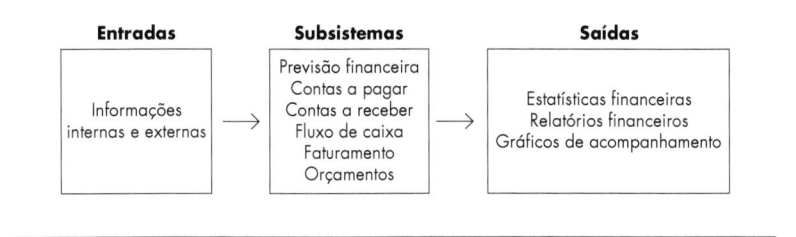

Entradas	Subsistemas	Saídas
Informações internas e externas →	Previsão financeira Contas a pagar Contas a receber Fluxo de caixa Faturamento Orçamentos →	Estatísticas financeiras Relatórios financeiros Gráficos de acompanhamento

Fonte: Adaptado de Stair; Reynolds, 2006, p. 380.

3.11 Utilização de sistemas de informação de recursos humanos

A função principal de um **sistema gerencial de recursos humanos** consiste em fornecer subsídios ao gestor de pessoas de uma organização por meio de atividades de planejamento e previsão de necessidades de contratação, treinamento e desenvolvimento de pessoas, preparação e emissão de folha de pagamento de pessoal, controle e mapeamento de competências e habilidades.

Podemos compreender a estrutura de um sistema gerencial de recursos humanos pela análise da Figura 3.10.

Figura 3.10 – Sistema gerencial de recursos humanos

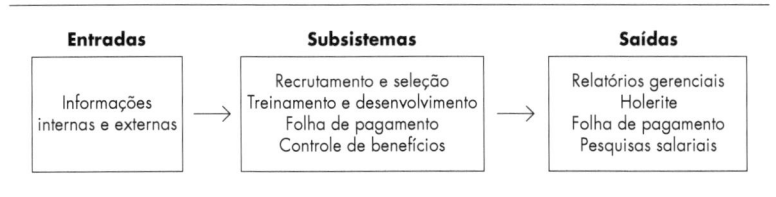

Entradas	Subsistemas	Saídas
Informações internas e externas →	Recrutamento e seleção Treinamento e desenvolvimento Folha de pagamento Controle de benefícios →	Relatórios gerenciais Holerite Folha de pagamento Pesquisas salariais

Fonte: Adaptado de Stair; Reynolds, 2006, p. 391.

3.12 Utilização de sistemas de informação de marketing

A função principal de um **sistema gerencial de marketing** é fornecer subsídios ao gestor de marketing de uma organização por meio de atividades de planejamento e previsão das necessidades dos clientes, monitoramento e acompanhamento do ambiente externo e, ainda, planejamento e acompanhamento da força de vendas.

Podemos compreender a estrutura de um sistema gerencial de marketing por meio da Figura 3.11.

Figura 3.11 – Sistema gerencial de marketing

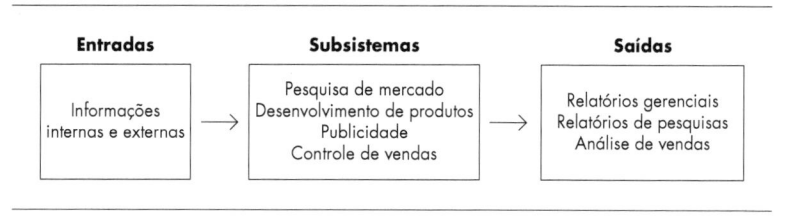

Entradas	Subsistemas	Saídas
Informações internas e externas	Pesquisa de mercado Desenvolvimento de produtos Publicidade Controle de vendas	Relatórios gerenciais Relatórios de pesquisas Análise de vendas

Fonte: Adaptado de Stair; Reynolds, 2006, p. 387.

3.13 Utilização de sistemas de informação de logística

A função principal de um **sistema gerencial de logística** consiste em fornecer subsídios ao gestor logístico de uma organização por meio de atividades de transportes, recebimento, expedição, armazenagem, manutenção de estoques e processamento de pedidos.

Podemos compreender a estrutura de um sistema gerencial de logística por meio da Figura 3.12.

Figura 3.12 – Sistema gerencial de logística

Entradas	Subsistemas	Saídas
Informações internas e externas →	Atividades de transportes Recebimento/expedição Armazenagem Gestão de estoque Processamento de pedidos →	Relatórios gerenciais Inventário Listas de separação NF-e

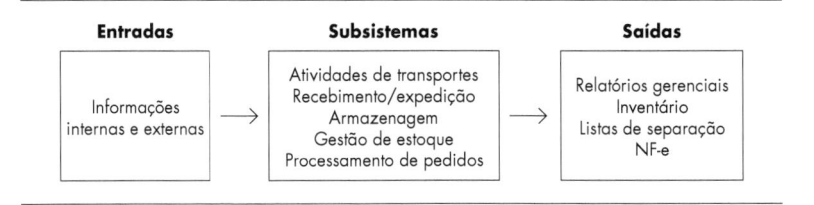

Síntese

Neste capítulo, abordamos os conceitos de SI, bem como sua utilização nas empresas. Apresentamos os componentes dos sistemas – objetivo, entradas, processamento, saídas, controles e avaliações e retroalimentação –, além de comentarmos que a empresa, vista como um sistema, deve estar atenta às mudanças do ambiente externo. Outro tema contemplado foi as dimensões dos SIs (tecnologia, organização e pessoas) e os principais sistemas empresariais (produção, finanças ou contabilidade, recursos humanos, vendas ou marketing e logística), com a análise dos SIs aplicados às áreas de indústria, finanças, recursos humanos, marketing e logística.

Questões para revisão

1. Diferencie sistema aberto de sistema fechado.
2. Descreva as três dimensões dos sistemas de informação.
3. Com relação aos principais sistemas empresariais básicos, assinale V para as alternativas verdadeiras e F para as alternativas falsas:
    - ( ) Um sistema financeiro normalmente apresenta um módulo de contas a pagar e contas a receber.
    - ( ) Um sistema financeiro normalmente apresenta um módulo de controle de vendas.
    - ( ) Um sistema de recursos humanos normalmente apresenta um módulo de folha de pagamento.
    - ( ) Um sistema de logística normalmente apresenta um módulo de programação e controle da produção.

4. Identifique o conceito equivalente à seguinte definição: "é um conjunto de elementos interdependentes, ou um todo organizado, ou partes que interagem formando um todo unitário e complexo" (Batista, 2004, p. 13).

   a. Informação.
   b. Conhecimento.
   c. Sistema.
   d. Módulo.

5. A teoria geral de sistemas – TGS apresenta os conceitos de:

   a. sistema finito e infinito.
   b. sistema complexo e simples.
   c. sistema ativo e inativo.
   d. sistema aberto e fechado.

Questões para reflexão

1. As empresas atualmente são muito dependentes de sistemas de informação. É possível uma empresa sobreviver e crescer sem a utilização desse tipo de sistema de informação? Que impactos a não utilização de sistemas de informação pode gerar para as organizações?

2. Por que as organizações correm o risco de ficarem dependentes de sistemas legados? Por que os sistemas legados continuam em operação, mesmo existindo tecnologias mais modernas?

Classificação dos sistemas de informação

Conteúdos do capítulo

- Classificação dos sistemas de informação.
- Conceitos e definições.
- Sistemas transacionais e gerenciais.
- Sistemas de suporte à decisão.
- Sistemas de informações estratégicas.

Após o estudo deste capítulo, você será capaz de:

1. compreender a taxonomia de classificação dos sistemas de informação;
2. diferenciar os sistemas de informação de acordo com o nível organizacional;
3. identificar os principais tipos de sistema de informação;
4. diferenciar sistemas transacionais, gerenciais e estratégicos.

Neste capítulo, trataremos das classificações e tipos de sistemas de informação – SIs, bem como de suas principais utilizações em uma empresa.

capítulo 4

4.1 Conceitos iniciais

Os sistemas de informação (SIs) podem ser classificados de diferentes maneiras, entre as quais as mais utilizadas são por área funcional e nível organizacional. Não pretendemos definir uma categorização única, mas abordar os principais tipos de SIs empregados pelas empresas.

Os sistemas mais tradicionais classificados de acordo com a **área funcional** são:

- sistemas de informação financeira;
- sistemas de informação contábil;
- sistemas de informação industrial (operações e produção);
- sistemas de informação de marketing;
- sistemas de informação de recursos humanos.

Outra forma usual de classificar os SIs é de acordo com o **nível organizacional**, classificação que abrange os sistemas operacionais, táticos ou gerenciais e estratégicos.

Os sistemas de nível operacional são responsáveis pelo aumento do controle das informações, bem como da produtividade das tarefas dos profissionais de todos os departamentos que manipulam e introduzem as informações no sistema (Batista, 2004). São eles que realizam o processamento de atividades rotineiras e repetitivas. Quem normalmente utiliza esse tipo de sistema são os supervisores e os funcionários administrativos. Constituem exemplos dessa categoria os sistemas de controle de estoque, de contas a pagar e a receber e de folha de pagamento de pessoal.

Os sistemas de nível tático ou gerencial são empregados para controle e acompanhamento do cumprimento das metas a serem atingidas por determinada empresa. São voltados para dar suporte aos tomadores de decisões de nível gerencial. Constituem exemplos desse grupo os sistemas de planejamento de recursos da produção e de gerenciamento financeiro.

Por sua vez, os sistemas de nível estratégico são utilizados para prestar suporte ao nível diretivo da empresa e têm seu foco direcionado para informações mais sintetizadas e normalmente orientadas a indicadores, tabelas ou gráficos. Pesquisa e análise da concorrência são exemplos de aplicações desse tipo de sistema.

Seguindo esses mesmos critérios de classificação, veremos na sequência os principais tipos de SIs apontados por Stair (2004).

4.2 Sistema de processamento de transações – SPT

Os SPTs podem ser considerados como sistemas de **nível operacional**. Constituem os SIs mais antigos utilizados pelas organizações e, embora seu papel se restrinja ao processamento de transações, são indispensáveis para o sucesso de qualquer empresa, pois dão suporte às operações mais básicas, tais como contas a pagar e a receber, folha de pagamento de pessoal e entrada e saída de mercadorias em estoque. Para Turban, McLean e Wetherbe (2004, p. 69), "o sistema de processamento de transação é a espinha dorsal dos sistemas de informação de uma empresa. Ele monitora, coleta, armazena, processa e dissemina a informação para todas as transações rotineiras da empresa".

De acordo com Stair (2004, p. 5), "uma transação é qualquer troca de valor ou movimento de mercadorias que afete a lucratividade de uma organização ou seu ganho global, inclusive a realização de metas organizacionais". Podem ser considerados exemplos de transações um débito ou um crédito de recurso financeiro na conta de uma empresa e a entrada ou saída de um produto no estoque.

Também conhecido como *sistema transacional* ou *operacional*, o SPT normalmente compõe a principal base de dados da empresa e tem como principais componentes a entrada de dados, o processamento, o armazenamento e a geração de documentos e relatórios, conforme podemos visualizar na Figura 4.1.

Figura 4.1 – Componentes de um SPT

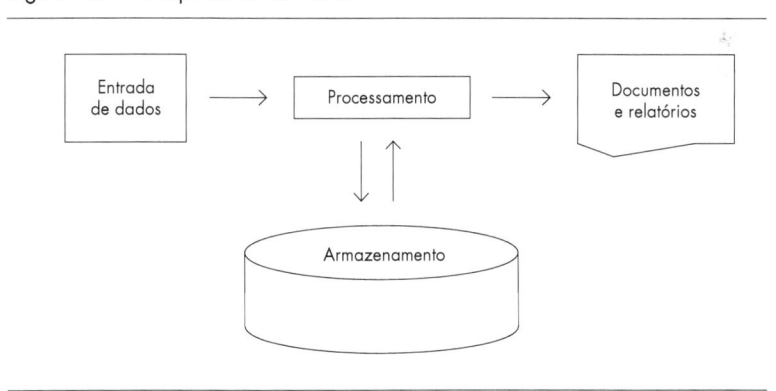

```
Entrada         →    Processamento    →    Documentos
de dados                                    e relatórios
                           ↓ ↑
                      Armazenamento
```

Fonte: Adaptado de Stair, 2004, p. 11.

As entradas de dados em um SPT são, em geral, digitadas por usuários ou importadas de outro SPT. Como nesse tipo de sistema são inseridas grandes quantidades de dados de entrada, ele deve apresentar grande capacidade de processamento, tarefa que demanda eficiência como uma de suas principais características.

O processamento em um SPT, de acordo com Stair (2004), pode ser realizado de duas formas: batch ou on-line. No processamento batch, a empresa coleta uma certa quantidade de dados ou transações e as coloca em grupos ou lotes, os quais, posteriormente, o sistema processa. Um exemplo desse tipo de aplicação são os pagamentos de fornecedores, que podem ser acumulados durante o dia e enviados à instituição bancária para pagamento noturno. No processamento on-line, os dados são processados tão logo acontece uma transação (Turban; McLean; Wetherbe, 2004).

Além das características já mencionadas dos SPTs, destacamos:

- capacidade de entradas/saídas rápidas;
- alto grau de repetição no processamento;
- grande necessidade de armazenamento;
- grande quantidade de saídas, inclusive arquivos e documentos.

As saídas de um SPT podem ser documentos, relatórios ou arquivos. Assim, por exemplo, um cheque de pagamento pode ser gerado por um SPT de folha de pagamento de pessoal. O mesmo ocorre no caso de um relatório de funcionários em férias ou de um arquivo de relação de pagamentos que será enviado à instituição financeira conveniada com a empresa para ser creditado aos funcionários.

Constituem exemplos típicos de SPTs os sistemas de processamento de pedidos, os contábeis, de contas a pagar e contas a receber e de folha de pagamento de pessoal.

4.3 Sistema de informações gerenciais – SIG

Segundo Stair (2004, p. 208), "a finalidade principal de um SIG é ajudar a organização a atingir suas metas, fornecendo aos administradores uma visão das operações regulares da empresa, de modo que possam controlar, organizar e planejar mais eficaz e eficientemente". Um SIG normalmente refere-se a uma **área funcional**, como SIG de recursos humanos ou SIG industrial. De acordo com Laudon e Laudon (1999, p. 40), "os SIGs geralmente dependem de sistemas subjacentes de processamento de transações para seus dados."

Para saber mais

REZENDE, D. A.; ABREU, A. F. **Tecnologia da informação aplicada a sistemas de informação empresariais**: o papel estratégico da informação e dos sistemas de informação nas empresas. 7. ed. São Paulo: Atlas, 2000.

Essa obra tem como temas a tecnologia da informação e os sistemas de informação empresariais. Descreve a classificação desses sistemas e trata do papel estratégico da informação para as organizações.

Um SIG procura suprir as necessidades dos gerentes por meio de diversos relatórios que demonstram o desempenho passado e presente da empresa. Consequentemente, pode contribuir para informá-los das previsões de desempenho futuro, o que constitui o grande diferencial desse sistema.

As entradas de um SIG são compostas normalmente por arquivos dos SPTs, mas podem também ser digitadas pelos usuários do sistema.

Os principais relatórios emitidos por um SIG, de acordo com Stair (2004), estão explicitados a seguir:

- **Relatórios programados** – São aqueles produzidos periodicamente pelo sistema, podendo ser diários, semanais ou mensais. Por exemplo, o gerente industrial pode utilizar um relatório de produtos fabricados no dia para acompanhar se as metas de produção estão sendo atingidas.
- **Relatórios sob demanda** – São aqueles produzidos de acordo com as necessidades específicas de um gerente e devem ser gerados pelo departamento de informática. Muitos SIGs permitem que o gerente crie seu próprio relatório, estabelecendo-se uma interface interativa e amigável. Nesse caso, o gerente deve ter razoável conhecimento de utilização do SIG e de informática.

- **Relatórios de exceção** – São aqueles emitidos automaticamente em caso de situação crítica ou incomum; quando gerados, a gerência deve tomar alguma atitude. Para que sejam eficazes, faz-se necessária uma parametrização de valores, ou seja, uma programação de indicadores de situação incomum. Por exemplo, em um SIG industrial, é preciso parametrizar a quantidade de estoque mínima e máxima para que o SIG emita relatórios de exceção no caso de essas quantidades serem extrapoladas para menos ou para mais. Portanto, os parâmetros devem ser estabelecidos cuidadosamente.

Aplicações de SIG são comuns às áreas industrial, financeira, contábil, de marketing, vendas e recursos humanos. Um sistema desse tipo normalmente é composto por diversos subsistemas. Um SIG industrial, por exemplo, pode conter subsistemas de projeto e engenharia, programação da produção, sistema de controle de estoque, Just-in-Time (JIT), controle de processo e controle de qualidade.

4.4 Sistema de suporte à decisão – SSD

Também conhecidos como *sistemas de apoio à decisão* – SADs, os SSDs são utilizados, na maioria das vezes, por gerentes do **nível tático** ou **estratégico** e caracterizam-se por prestar suporte à decisão por meio de simulações ou análises de situações. Para Laudon e Laudon (1999), SSDs são sistemas interativos sob controle do usuário e que oferecem dados e modelos para auxílio nos processos de tomada de decisões, embora ofereçam suporte em questões menos rotineiras que as manipuladas por um SIG. Além disso, devem apresentar uma interface amigável; para isso, normalmente são compostos por um gerenciador de diálogo que possibilita a interação com o gerente. Uma aplicação de SSD pode constituir uma simples planilha eletrônica de custos de produção ou até mesmo sistemas grandes e complexos, como simuladores de um ambiente de produção industrial, com controles de mão de obra, máquinas, insumos, custos etc.

Um dos recursos mais utilizados nesse tipo de sistema é a análise de simulações do tipo "e se". Por exemplo: "e se" baixássemos o valor final de nosso produto em 10%, qual seria nossa margem de lucro? Desse modo, um SSD permite que o usuário faça perguntas novas e não antecipadas e intervenha de forma on-line para mudar a maneira como os dados são apresentados.

As entradas de dados em um SSD podem ser de fontes internas, a partir de um SPT ou de um SIG, ou externas, oriundas de outras fontes, como dados dos concorrentes ou do governo. Um SSD deve apresentar elevado grau de processamento e, além de um banco de dados, um banco de modelos, responsável por analisar os dados por meio de modelos financeiros ou estatísticos ou, ainda, pela geração de gráficos ou tabelas dinâmicas.

4.5 Sistema de suporte executivo – SSE

Também chamado de *sistema de informações executivas* – SIE, esse tipo de sistema destina-se a atender às necessidades informacionais do **nível diretivo** ou da **alta gerência** de uma empresa. Segundo Laudon e Laudon (1999, p. 360), "os SSEs são sistemas orientados para gráficos, projetados para gerência sênior, que oferecem computação generalizada e recursos de telecomunicações para monitoramento e controle de uma empresa".

Os SSEs vêm sendo a grande novidade em termos de sistemas orientados a executivos. Normalmente, esse tipo de sistema deve ser desenvolvido de acordo com o usuário final, pois cada executivo tem suas preferências quanto à visualização por meio de gráficos – enquanto alguns podem optar pela visualização em gráfico do tipo pizza, outros se adaptam melhor a um gráfico de barras, por exemplo. Além disso, como executivos, em geral, não têm tempo para analisar informações muito detalhadas, um SSE deve se especializar em gerar gráficos úteis para a análise de situações específicas, e não em emitir relatórios, sendo que mesmo os gráficos não devem ser difíceis de ler.

Um exemplo de aplicação de SSE são os chamados *painéis de bordo*, nos quais apenas dados sumarizados são apresentados na tela, muitas vezes orientados por cores que alertam para uma situação: vermelho – perigo; amarelo – atenção; verde – normalidade.

Como esse tipo de usuário nem sempre tem bons conhecimentos de informática, os SSEs devem apresentar algumas características importantes:

- ser de fácil uso;
- executar sofisticadas análises de dados;
- fornecer flexibilidade e adaptabilidade a novas situações;
- fornecer resultados com rapidez e eficiência;
- solucionar problemas não estruturados.

Síntese

Neste capítulo, discutimos como são classificados os SIs e a forma de classificação mais utilizada pelo mercado, que divide os sistemas de acordo com o suporte prestado aos diversos níveis organizacionais – operacional, tático ou gerencial e estratégico. A abordagem adotada baseou-se em quatro tipos de SI: sistema de processamento de transações – SPT, referente ao nível operacional e com base em atividades rotineiras e repetitivas; sistema de informações gerenciais – SIG, de uso tático ou gerencial, cuja principal característica consiste na emissão de três tipos de relatórios gerenciais (programados, sob demanda e de exceção); sistema de suporte à decisão – SSD, de uso tanto tático quanto estratégico, composto por um banco de modelos estatísticos e matemáticos e com a característica de interatividade em sua utilização; e sistema de suporte ao executivo – SSE, tipicamente desenvolvido para uso estratégico, de fácil utilização e orientado ao suporte em decisões não estruturadas, ou seja, decisões não repetitivas, nas quais nem sempre conhecemos todas as variáveis.

Questões para revisão

1. Um sistema de processamento de transações – SPT pode ser utilizado nos dias de hoje, haja vista ser um tipo de sistema mais antigo?
2. O que é um sistema de suporte ao executivo – SSE?

3. Com relação aos tipos de relatórios normalmente emitidos por um sistema de informações gerenciais – SIG, assinale V para as alternativas verdadeiras e F para as alternativas falsas:

   ( ) Relatórios de exceção são relatórios desenvolvidos por fornecedores terceirizados contratados.
   ( ) Um relatório de vendas semanais é um exemplo de relatório periódico.
   ( ) Um relatório solicitado pelo gerente de vendas, com o objetivo de validar uma tendência ou hipótese, é um exemplo de relatório sob demanda.
   ( ) Um relatório periódico é emitido automaticamente pelo sistema.

4. São sistemas que processam grandes quantidades de dados podem ser on-line ou batch e emitem relatórios e documentos. A afirmação refere-se ao conceito de:

   a. sistemas de suporte à decisão.
   b. sistemas de informações executivas.
   c. sistemas de informações gerenciais.
   d. sistemas de processamento de transações.

5. Sistemas que emitem relatórios programados ou periódicos, de exceção e sob demanda são:

   a. sistemas de suporte à decisão.
   b. sistemas de informações executivas.
   c. sistemas integrados de gestão.
   d. sistemas de informações gerenciais.

Questões para reflexão

1. Por que os executivos utilizam menos os sistemas de informação em comparação com gerentes e pessoal operacional?

2. Os aplicativos de escritório de planilhas eletrônicas (Excel e Calc, por exemplo) podem ser considerados sistemas de suporte à decisão? Em que situações isso pode ocorrer?

Sistemas integrados de gestão

Conteúdos do capítulo

- A importância dos sistemas integrados de gestão para as organizações.
- Conceitos e definições.
- Evolução dos sistemas integrados de gestão.
- Características de um sistema integrado de gestão.

Após o estudo deste capítulo, você será capaz de:

1. conceituar *sistemas integrados de gestão*;
2. compreender a evolução dos sistemas ERP – Enterprise Resource Planning;
3. entender o histórico dos sistemas integrados de gestão.

Neste capítulo, trataremos do sistema integrado de gestão, denominado *sistema ERP*. Inicialmente, abordaremos o problema da falta de integração entre os diversos sistemas utilizados pelas empresas e, em seguida, discutiremos os principais conceitos, características e vantagens desses sistemas, além de apresentarmos um histórico do seu surgimento e evolução.

capítulo 5

5.1 Conceitos iniciais

Como vimos no Capítulo 4, os sistemas de informação (SIs) têm o objetivo de automatizar os diversos processos empresariais, visando aumentar o controle e a produtividade, bem como fornecer suporte à decisão. Tanto os sistemas de processamento de transações (SPTs) quanto os sistemas de informações gerenciais (SIGs) são compostos por bancos de dados, os quais normalmente não se comunicam. Isso acontece porque, em muitos casos, eles não apresentam integração entre si, sendo cada processo um sistema isolado.

Diversos problemas empresariais surgem nesse cenário, entre os quais podemos destacar a redundância de dados, o retrabalho e a falta de integridade das informações. Vejamos, a seguir, cada um desses problemas:

- **Redundância de dados** – Quando dispomos de diversas bases de dados, é comum que, em algumas, eles sejam repetidos, pois vários processos podem fazer uso do mesmo dado. Por exemplo, as informações a respeito de um funcionário estão contidas na base de dados dos sistemas financeiro, de recursos humanos e de produção. Logo, essa repetição "desnecessária" acaba gerando redundância.

- **Retrabalho** – Outro problema gerado pela falta de integração entre os sistemas é o retrabalho, que consiste em lançar ou atualizar um mesmo dado em mais de um sistema. Caso um funcionário informe ao setor de recursos humanos uma mudança de endereço, por exemplo, as mesmas informações devem ser comunicadas aos sistemas financeiro e de produção. O retrabalho tem como uma de suas consequências mais graves a perda de produtividade por parte dos usuários dos sistemas, pois estes, em vez de centralizarem seus esforços em atividades que agregam valor, ocupam-se em digitar dados repetidos.

- **Falta de integridade de informações** – Por consequência dos dois problemas anteriores, surge o mais crítico, que é a falta de integridade de informações, o que significa que a informação fornecida pelo sistema pode não ser verdadeira. Existe a possibilidade de isso acontecer quando os dados deixam de ser atualizados em uma ou mais base de dados. No exemplo anterior, poderia haver atualização nos sistemas de recursos humanos e produção, mas, por algum motivo, não no sistema financeiro. O problema de falta de integridade é ainda mais prejudicial à empresa quando os clientes participam do processo. Vejamos a seguinte situação: um cliente entra em contato com o vendedor de uma empresa fornecedora de aço. O vendedor consulta o estoque e informa que há disponibilidade da quantidade de aço requerida pelo cliente; no entanto, outro vendedor efetuara uma venda minutos antes. Assim, como os sistemas de vendas e de estoque não são integrados nesse exemplo, certamente faltará aço para algum cliente. É possível imaginar que o cliente ficará insatisfação se for prejudicado por tal falha.

Além desses problemas, outra consequência da não integração característica desse cenário é a falta de agilidade no fornecimento das informações, tanto para os usuários internos dos sistemas (gerentes e supervisores) quanto para os clientes da empresa.

5.2 Integração de sistemas

Grande parte das organizações é orientada por função, ou seja, cada processo empresarial é suportado por um sistema. Podemos ter, por exemplo, a função empresarial *produção* ou a função empresarial *vendas*.

Para Turban, Rainer Junior e Potter (2003, p. 41), "não é possível criar de forma eficiente uma empresa do século 21 com tecnologia do século 20, que é orientada funcionalmente". Isso porque a estrutura funcional tende a não permitir que os departamentos se comuniquem por meio de sistemas. Muitas vezes, os dados de vendas, produção e estoque são incluídos separadamente, em sistemas isolados; entretanto o processamento deve ser realizado simultaneamente. Daí a importância de os sistemas serem integrados. Os autores ainda afirmam que "a integração dos sistemas de informação acaba com as barreiras existentes entre os próprios departamentos e entre as sedes e os departamentos, e reduz a duplicação de esforços" (Turban; Rainer Junior; Potter, 2003, p. 41).

Muitos benefícios tangíveis e intangíveis advêm da integração de sistemas, entre os quais podemos destacar:

a. **Benefícios tangíveis** (passíveis de medições quantitativas):
   - redução de pessoal;
   - aumento de produtividade;
   - aumento das receitas/lucros;
   - entregas pontuais.
b. **Benefícios intangíveis** (melhorias significativas, mas não tão facilmente quantificadas):
   - aprimoramento de processos;
   - padronização de processos;
   - flexibilidade e agilidade.

Há ao menos duas opções para as empresas que pretendem integrar seus sistemas e solucionar os problemas apontados anteriormente. Uma delas é buscar a integração por meio da construção de interfaces entre os sistemas existentes. Para tanto, há a necessidade de que cada sistema legado* seja avaliado e de que suas arquiteturas sejam compreendidas, ou seja, é preciso identificar em que linguagens de programação os sistemas foram desenvolvidos, que tipo de banco de dados utilizam, além de outras características técnicas inerentes. Portanto, integrar sistemas já existentes é uma tarefa complexa e dispendiosa.

Outra opção para a empresa que busca integração entre as áreas funcionais são os **sistemas integrados de gestão**, conhecidos como *sistemas ERP* – Enterprise Resource Planning, ou planejamento de recursos empresariais, que serão objeto de nosso estudo a seguir. Salientamos que o fato de um sistema ERP ser integrado não leva necessariamente ao desenvolvimento de uma empresa integrada: o sistema é apenas uma ferramenta que facilita o alcance desse objetivo (Souza; Saccol, 2003).

5.3 Sistema integrado de gestão – ERP

A partir deste ponto, passaremos a concentrar nosso foco na análise dos sistemas ERP, começando pela apresentação das principais definições encontradas nas pesquisas realizadas para elaboração desta obra e em nossa experiência profissional com a utilização e o desenvolvimento de sistemas desde 1990. Quando o conceito de ERP foi desenvolvido, apresentava certas características que, com o passar do tempo, foram readequando-se ao mercado. Assim, apresentaremos não só os conceitos originais da tecnologia, como também as mudanças que se fizeram necessárias por imposição dos usuários ou em função de novos fabricantes de produtos ERP.

Podemos definir didaticamente *ERP* como um sistema de informação adquirido na forma de pacotes comerciais de software que permitem a integração entre dados dos sistemas de informação transacionais e dos processos de negócios de uma organização. Com base nessa definição, já podemos esclarecer alguns pontos importantes para a compreensão correta do termo *ERP*.

---

* Sistema legado é um sistema antigo que a empresa possui e que ainda é vital para a continuidade de seus negócios.

Como um ERP é um pacote comercial de software, por definição só pode ser considerado um ERP um software adquirido pronto no mercado de fornecedores especializados. É bem verdade que muitas empresas desenvolvem soluções caseiras, implementadas por uma equipe de desenvolvimento interno, que procuram cumprir os objetivos de um ERP. No entanto, esses produtos são extremamente customizados e direcionados para os processos de uma empresa em um dado momento, não atentando, assim, para as melhores práticas de mercado, também conhecidas como *best practices*[*] e consideradas um dos pontos mais fundamentais para o sucesso de um ERP.

Em virtude de o ERP ser um pacote de software que se adquire pronto, a empresa que implanta um sistema desse tipo tem de se adaptar às funcionalidades do produto e adequar seus processos de negócios à modelagem imposta pelo novo sistema. É verdade também que customizações podem ser realizadas de acordo com as necessidades da empresa, mas algumas regras de negócios devem ser mantidas com vistas a fidelizar a proposta inicial de um sistema ERP. Além disso, ele pode ser diferenciado de sistemas desenvolvidos internamente, com a finalidade de substituí-los, se apresentar algumas de suas principais características:

- é um pacote comercial de software;
- é construído com base nas melhores práticas de mercado (best practices);
- utiliza banco de dados único e corporativo;
- é composto por módulos;
- não é desenvolvido para um cliente específico.

Conforme a definição apresentada por Davenport (1998), um sistema ERP é entendido como um pacote comercial de software que tem como finalidade organizar, padronizar e integrar as informações transacionais que circulam pelas organizações. Esses sistemas integrados permitem acesso

---

[*] Expressão utilizada pelos fornecedores de ERP e consultores para designar os melhores modelos de processos de negócios.

a informações confiáveis em uma base de dados central e em tempo real. Uma típica estrutura de um sistema ERP é apresentada na Figura 5.1.

Figura 5.1 – Estrutura típica de funcionamento de um sistema ERP

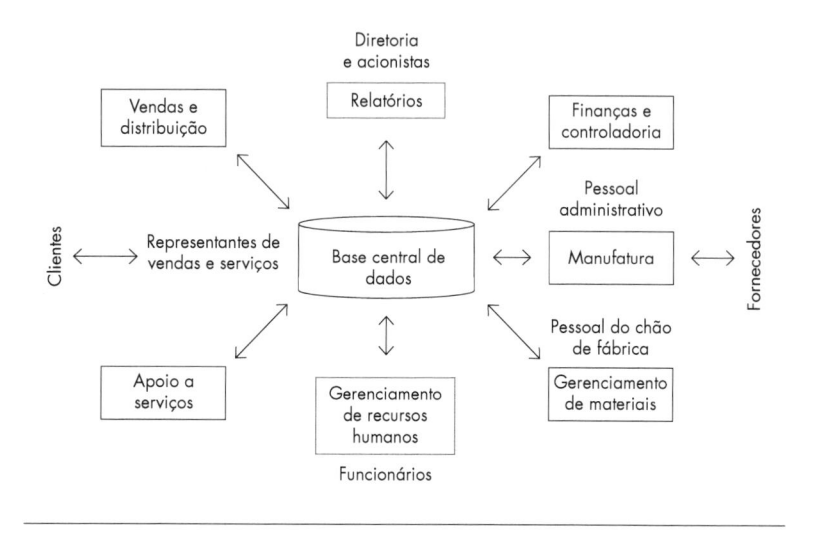

Fonte: Adaptado de Davenport, 1998, p. 316.

5.4 Histórico e evolução dos sistemas ERP

Os sistemas ERP começaram a ser utilizados mundialmente no início da década de 1990. No Brasil, as primeiras implementações ocorreram por volta de 1997 e 1998. Em razão de seu alto valor, eram viáveis apenas para grandes corporações e multinacionais.

Podemos caracterizar os sistemas ERP como a evolução dos MRPs – Material Requirement Planning, cuja principal função é calcular as necessidades de materiais em manufatura, e dos MRPs II – Manufacturing

Resource Planning, que envolvem o planejamento de recursos de manufatura, abrangendo todos os processos de produção. Trataremos desse sistemas com maior detalhamento no Capítulo 8.

Em 1972, foi fundada, na Alemanha, a empresa SAP, sigla de *Systemanalyse und Programmentwicklung*, cuja tradução literal é "análise de sistemas e desenvolvimento de programas". A SAP desenvolveu o conceito original de ERP e, desde o lançamento de seu primeiro produto, denominado *R/2*, é a líder mundial no mercado de sistemas ERP. Quando surgiu, seu propósito inicial era a criação de uma solução única totalmente integrada, capaz de automatizar todos os processos inerentes a uma empresa.

Para saber mais

SAP. **PMEs**: Fique na frente – melhore o desempenho e aumente o lucro com o software da SAP para PMEs. Disponível em: <http://www.sap.com/brazil/sme/index.epx>. Acesso em: 6 jul. 2015.

A SAP instalou uma subsidiária no Brasil. Para conhecer um pouco mais sobre a empresa, acesse a página indicada.

Quando essa organização, em meados dos anos 1990, colocou no mercado seu primeiro produto, seus diferenciais de venda atraíram muitas empresas. Nesse momento, o foco eram as soluções adaptadas para a arquitetura cliente-servidor. A SAP, visando atender a essa demanda, lançou, então, o R/3. A Figura 5.2 aponta os principais argumentos utilizados pela empresa alemã para a venda de seu produto.

Figura 5.2 – Diferenciais do produto R/3 da SAP

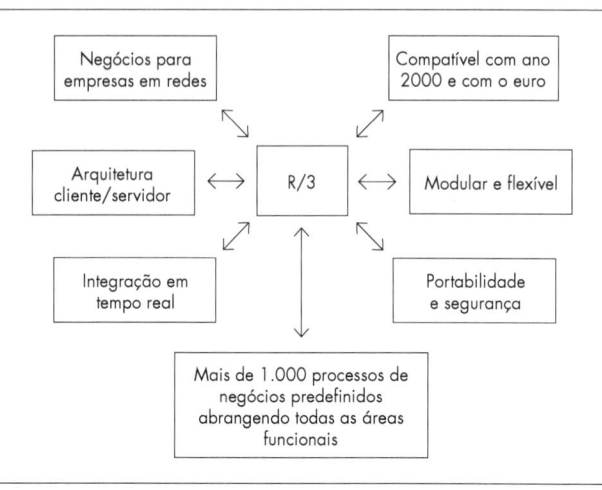

```
                Negócios para              Compatível com ano
              empresas em redes              2000 e com o euro
                        ↘                  ↙
    Arquitetura                                      Modular e flexível
   cliente/servidor   ⟷        R/3        ⟷
                        ↗          ↑         ↘
              Integração em                       Portabilidade
               tempo real                          e segurança
                                    ↓
                          Mais de 1.000 processos de
                            negócios predefinidos
                          abrangendo todas as áreas
                                 funcionais
```

A utilização dos sistemas ERP difundiu-se rapidamente a partir da década de 1990, principalmente em função do bug do milênio*, quando inúmeros gestores de informática necessitavam solucionar os problemas que poderiam advir na virada do milênio. Muitas das empresas adotaram os ERPs e abandonaram seus sistemas legados que não estavam adaptados à nova era. A aquisição de um ERP nesse momento solucionava, então, ao menos, dois problemas: o bug do milênio e a integração de sistemas. Além disso, a utilização desse tipo de sistema se tornou um modismo, iniciando um processo irreversível, principalmente para grandes corporações e multinacionais.

A evolução dos sistemas ERP levou ao aparecimento do ERP 2, que tem como principal característica, além da integração dos sistemas internos, a ênfase na colaboração comercial, empregando a internet para conectar processos e/ou sistemas de duas ou mais empresas. A tendência, portanto, é que sua interface migre para a plataforma web, mediante a utilização de

---

* Problema existente nos antigos sistemas de informação, no final dos anos 1990, que não suportariam a virada do milênio por incompatibilidade de configuração nos campos relacionados ao fator *data*.

um browser*, e que assim se torne possível para um usuário conectar-se ao sistema de forma remota, ou seja, de qualquer lugar do planeta.

Os ERPs se notabilizaram por suportar, com muita eficiência, atividades de backoffice (atividades de controle interno) vitais para o funcionamento de uma empresa. No entanto, no que se refere a atividades de frontoffice – que necessitam de interação com partes externas à empresa, como fornecedores ou clientes –, esses sistemas não apresentam a mesma eficiência. É aí que surgem conceitos como CRM – Customer Relationship Management, ou gerenciamento do relacionamento com o cliente, e SCM – Supply Chain Management, ou gerenciamento da cadeia de suprimentos, os quais abordaremos no Capítulo 10.

5.5 Principais características e vantagens do ERP

Na Seção 5.3, citamos algumas das principais características dos sistemas ERP. Todavia, em razão dos inúmeros equívocos cometidos quanto à arquitetura correta de um ERP, enfatizaremos ainda mais os aspectos essenciais desse tipo de sistema.

O objetivo principal de um ERP é a integração dos dados organizacionais e sua disponibilidade em tempo real. Para isso, opera por meio de um banco de dados único, que é compartilhado por todas as aplicações, desde que o usuário tenha permissão de acesso.

A arquitetura utilizada em sistemas ERP segue o modelo cliente-servidor e é composta de três camadas: apresentação, aplicação e base de dados. Descrevemos a seguir as funções de cada uma delas:

- **Camada de apresentação** – Utilizada pelo cliente, é composta por um software que permite a interação com o usuário; normalmente apresenta interface gráfica, portanto amigável e intuitiva. É por intermédio dessa camada que os usuários inserem, consultam e excluem os dados no sistema.

---

* Mesmo que "navegador". É um software ou programa que permite a interface entre um usuário e a internet. Os mais conhecidos são o Internet Explorer, da Microsoft®, e o Mozilla, navegador livre e compatível com sistemas Linux.

- **Camada de aplicação** – É a responsável pelo funcionamento do sistema, pela integração dos módulos e pelo processamento das informações.
- **Base de dados** – Armazenada no servidor, é a mais interna das camadas, sendo responsável pelo gerenciamento dos dados.

Vejamos as principais características de um sistema ERP:

- **Apresenta banco de dados único** – Tendo em vista que o objetivo principal de um ERP é integrar as diversas áreas funcionais, é necessária uma arquitetura que seja composta de um único banco de dados, o qual é compartilhado por toda a empresa.
- **Constitui-se em pacotes comerciais** – A implementação de um ERP demanda muitos anos de estudos sobre as rotinas organizacionais e o sistema apresenta uma estrutura interna padrão adaptável a diversos segmentos de negócios.
- **Apresenta estrutura modular** – A partir do surgimento do termo *ERP*, as áreas funcionais passaram a ser denominadas de *módulos*. Um sistema ERP é, portanto, composto por diversos módulos integrados entre si e que compartilham uma mesma base de dados. Como essa característica está presente em praticamente todos os produtos ERP, existe a facilidade de que cada empresa decida quais módulos implantar de acordo com sua disponibilidade de recursos financeiros.
- **É desenvolvido com base nas best practices** – Quando um ERP é projetado, o fornecedor realiza um estudo de mercado para identificar as melhores práticas aplicadas a cada segmento, visando ao desenvolvimento de um produto consistente que traga, de fato, vantagens competitivas para a organização que está implantando o sistema. Dessa forma, a empresa que adquire um ERP, na verdade, está adquirindo uma espécie de consultoria que a orienta a trabalhar de forma mais otimizada. Tal fato, muitas vezes, justifica os investimentos e permite analisar o retorno sobre o investimento, também conhecido como *ROI* – Return On Investiment.

"Informação correta, para a pessoa correta, na hora correta": esse jargão é amplamente utilizado por vendedores de produtos ERP. Com efeito, tal afirmação aponta para um produto que pode trazer à empresa inúmeras vantagens. Entre as principais, apontamos a seguir as mais significativas:

- **Elimina redundância e redigitação de dados** — Como os dados que são digitados no sistema ficam armazenados em um banco de dados único e compartilhado, evitam-se a ocorrência de dados duplicados e o retrabalho na sua inserção.

- **Possibilita maior integridade das informações** — Sempre que um dado é alterado no sistema, isso se reflete em todos os módulos, permitindo, assim, que a informação esteja sempre atualizada. Devemos salientar que, se a informação é introduzida no sistema com erro, o erro se reflete por todo o sistema. Para evitar tais acontecimentos, é preciso criar na empresa uma estrutura de auditoria de sistemas.

- **Aumenta a segurança sobre os processos de negócios** — A arquitetura de um ERP, que tem por base as best practices, concede aos processos de negócios maior segurança. Além disso, os controles de permissões de acesso, baseados em login e senha, também favorecem o aumento de segurança.

- **Permite rastreabilidade de transações** — Como uma pessoa, para se tornar usuária do sistema, deve possuir login e senha, todas as transações efetuadas ficam armazenadas em um arquivo de log[*] passível de auditoria.

- **Pode ser implantado por módulos** — Como um ERP é composto por módulos que podem trabalhar independentemente uns dos outros, alguns fornecedores abordam seus clientes com vendas parciais, o que favorece a empresa que não possui recursos financeiros suficientes para adquirir um sistema completo.

---

[*] Arquivo que contém todas as operações realizadas por um determinado usuário. Em um sistema ERP, esse arquivo contempla informações referentes à transação executada (tipo, data, hora e usuário).

- **Padronização de sistemas** – É comum nas organizações a existência de mais de um SI funcionando paralelamente, de fabricantes diferentes, desenvolvidos com tecnologias distintas e que apresentam interfaces nada padronizadas. Esse fato acaba culminando na falta de padronização de sistemas, ocasionando graves problemas para a empresa, como a necessidade de equipes de suporte distintas e mais onerosas e a dificuldade de adaptação de um funcionário quando ele é remanejado para outro departamento, já que terá de ser treinado em outra plataforma, comprometendo, assim, sua produtividade e sua adequação à nova função. Com a implantação de um sistema ERP, todas as aplicações são padronizadas independentemente do departamento.

Síntese

Neste capítulo, apresentamos ao leitor os conceitos básicos relativos aos sistemas integrados de gestão, também conhecidos como *sistemas ERP – Enterprise Resource Planning*. Destacamos a importância da integração de sistemas, além dos principais problemas que surgem quando a organização não apresenta estrutura integrada de SIs: redundância de dados, falta de integridade e retrabalho. Enfocamos a caracterização de um sistema ERP, que consiste em pacotes comerciais de softwares construídos com base nas melhores práticas de mercado (best practices); ele utiliza banco de dados único e corporativo e é composto por módulos. Expusemos também o histórico e a evolução desse tipo de sistema, desde a concepção do primeiro produto, desenvolvido pela empresa alemã SAP, até a implantação de conceitos e as adequações que se fizeram necessários tendo em vista o mercado atual. Por fim, comentamos as principais características e vantagens advindas da implantação do ERP.

Questões para revisão

1. Cite e descreva os principais problemas advindos da falta de integração de sistemas.

2. No que consiste um sistema integrado de gestão?

3. Com relação às principais características de um sistema ERP, assinale V para as alternativas verdadeiras e F para as alternativas falsas:

    ( ) São vendidos em forma de pacotes comerciais.
    ( ) Não são desenvolvidos para um cliente em específico.
    ( ) Apresentam diversos bancos de dados.
    ( ) Não podem ser implantados em módulos.

4. São sistemas que apresentam banco de dados único, são modulares e se baseiam nas melhores práticas. Essa definição corresponde ao conceito de:

    a. sistemas de suporte à decisão.
    b. sistemas de informações executivas.
    c. sistemas de informações gerenciais.
    d. sistemas integrados de gestão.

5. Quando uma empresa dispõe de diversos sistemas de informação para gerenciar suas atividades, é comum encontrarmos diversos problemas. Assinale a opção **incorreta**:

    a. Redundância de dados.
    b. Falta de integridade das informações.
    c. Banco de dados único.
    d. Retrabalho.

Questões para reflexão

1. Existem centenas de fornecedores de sistemas ERP no mercado nacional e internacional. Com base nas características do ERP apresentadas na Seção 5.3, justifique por que o ERP da SAP pode ser considerado o único ERP de fato.

2. O banco de dados de um sistema ERP pode ser considerado o componente mais importante dessa ferramenta. Por que um ERP utiliza apenas um banco de dados e quais as vantagens que uma organização obtém com essa característica?

Fornecedores e implantação de sistemas ERP

Conteúdos do capítulo

- Principais fornecedores de sistemas ERP.
- Fornecedores nacionais e internacionais.
- Implantação de sistemas ERP.
- Metodologias de implantação de sistemas ERP.
- Estudo de caso sobre implantação de sistemas ERP.

Após o estudo deste capítulo, você será capaz de:

1. identificar os principais fornecedores de sistemas ERP;
2. compreender a importância da utilização de metodologias de implantação de sistemas ERP;
3. entender a metodologia de implantação dos múltiplos filtros;
4. saber analisar e compreender a importância do fator humano durante a implantação de um sistema ERP.

Neste capítulo, veremos os principais fornecedores de produtos ERP – Enterprise Resource Planning existentes na atualidade. Vamos focalizar de que modo os mercados internacional e nacional vêm se comportando com relação a esse sistema, bem como a importância de utilizarmos uma metodologia adequada para a implantação de um sistema ERP, além de avaliarmos os principais obstáculos a serem transpostos pela empresa que deseja implantar um sistema integrado de gestão.

capítulo 6

6.1 Conceitos iniciais

Conforme afirmamos no capítulo anterior, o primeiro fornecedor de produtos ERP foi a empresa alemã SAP. Tal pioneirismo, aliado ao fato de que o ERP da SAP se tornou referência no mercado, provoca nas empresas, e até em seus próprios usuários, a sensação de que o produto que estão utilizando é a SAP. Na verdade, o fornecedor é a SAP, mas o produto tem outra denominação. Aliás, diversos são os produtos fornecidos pela SAP, entre os quais destacamos o R/3, sistema ERP baseado na arquitetura cliente-servidor.

6.2 Fornecedores de produtos ERP

Em estudo do Banco Nacional de Desenvolvimento Econômico e Social (BNDES), verificamos que o segmento de sistemas integrados de gestão se divide em três: grande porte (31%), médio porte (41%) e pequeno porte (28%). Os dois primeiros são dominados por grandes grupos internacionais, como SAP e Oracle.

O mercado de fornecedores ERP é bastante amplo e dinâmico, tanto no Brasil quanto em outros países, e passa por um momento intenso de aquisições e fusões. A busca por uma fatia maior de mercado nacional resultou no domínio de três grupos: Totvs®, SAP e Oracle, conforme podemos observar no quadro a seguir.

Quadro 6.1 – Mercado ERP no Brasil

Empresa	% mercado Brasil
Totvs®	37%
SAP	30%
Oracle	16%
Outras (Senior, Starsoft, Infor, QAD etc.)	17%

Fonte: Soares, 2014.

No Quadro 6.2, são apresentados alguns dos principais fornecedores mundiais de ERP, bem como seus principais produtos.

Quadro 6.2 – Principais fornecedores e produtos ERP

Fornecedor	Produtos	País
SAP	R/3 (Grande porte) Business One (Médio e pequeno porte)	Alemanha
Oracle	Oracle E-Business Suite	Estados Unidos
Microsoft®	Dynamics® AX 2012	Estados Unidos
Microsiga (Totvs®)	Protheus 11	Brasil
Datasul (Totvs®)	Datasul EMS	Brasil
RM Sistemas (Totvs®)	CORPORE RM	Brasil
Sênior	Sapiens	Brasil
Acom Sistemas	Everest	Brasil

Em nível internacional, os dois principais fornecedores de sistemas ERP são a SAP e a Oracle. Seus produtos estão disponíveis para o mercado e apresentam extrema qualidade e confiabilidade. São utilizados por empresas como Siemens, Texaco®, Abril S/A e Coca-Cola®. Há algum tempo, por apresentarem alto custo de implantação, apenas empresas com elevado faturamento têm condições de adquiri-los. Hoje existem ofertas de soluções para pequenas e médias empresas.

Em nível nacional, o mercado vem sendo dominado pelo grupo Totvs®. A empresa é líder na comercialização de sistemas integrados de gestão na América Latina. A estratégia da Totvs® é adquirir empresas nacionais de destaque. Entre as principais aquisições, destacam-se Microsiga, RM Sistemas e Logix. Em 2008, a Totvs® realizou fusão com a catarinense Datasul.

Destacamos, ainda, a empresa Sênior, fornecedora catarinense de ERP, da cidade de Blumenau. Iniciou suas atividades focada no desenvolvimento de produtos para a área de recursos humanos e atualmente fornece um produto de ERP denominado *Sapiens*. Por fim, destacamos a empresa Acom Sistemas, situada na cidade de Curitiba, no Estado do Paraná. Disponibiliza para o mercado seu produto de ERP chamado *Everest – Gestão Empresarial*, que surge como uma solução flexível e orientada principalmente para empresas de pequeno e médio porte.

6.3 Implantação de sistemas ERP

Por definição, um sistema ERP pode ser considerado de uso genérico, ou seja, pode ser implantado em qualquer tipo de empresa, independentemente de seu segmento de atuação. Todavia, normalmente as organizações apresentam características muito específicas em algumas áreas. Portanto, a escolha do produto mais adequado a uma empresa é tarefa um tanto quanto complexa, exigindo dos responsáveis uma pesquisa com os diversos fornecedores de sistemas ERP.

Conforme mencionamos no Capítulo 5, o desenvolvimento dos sistemas ERP foi baseado nas melhores práticas adotadas pela indústria. Logo, a implantação de um ERP envolve não apenas a instalação de um software, mas também a reestruturação dos processos existentes na empresa.

Normalmente, é recomendável o apoio de uma consultoria especializada para a implantação de um ERP, a qual varia, também, de acordo com a complexidade dos processos e operações da empresa, o seu porte e o escopo de implantação (que módulos serão implantados e em que ordem).

Muitos insucessos surgem de erros nas escolhas estratégicas do produto mais adequado para a empresa e na configuração inicial dos sistemas (parametrização).

Nem sempre a implantação bem-sucedida de um sistema ERP qualquer – em uma indústria, por exemplo – significa que ela será igualmente bem-sucedida em uma distribuidora de medicamentos. Hoje os fornecedores de ERP estão direcionando seus produtos para segmentos específicos e, em consequência, cada empresa deve buscar a solução mais adequada ao seu negócio.

De acordo Taurion (1999),

> *Uma recente pesquisa divulgada nos Estados Unidos pelo Standish Group, feita em empresas com mais de 500 milhões de dólares de faturamento e que investiram em projetos de ERP, mostrou resultados no mínimo inquietantes. Apenas 10% dos projetos terminaram no tempo e prazo estimados, 55% estouraram prazos e orçamentos e 35% foram cancelados.*

Existem alguns pontos comuns às empresas que tendem a alcançar sucesso na implantação de um ERP, a saber:

> *a) criação de um time de trabalho que envolve os melhores profissionais da empresa, e não apenas aqueles que "não tinham nada mais importante para fazer"; b) criação de forte parceria com os três principais atores do processo: os consultores da implantação, o fornecedor do software e o fornecedor do hardware; c) busca constante do menor nível possível de personalização do sistema; e d) escolha do ERP baseada na maior adaptação possível aos negócios da empresa.*
> (Santos; Mendes; Benac, 2015)

Além dos pontos apresentados acima, não podemos esquecer o fator primordial para o sucesso da implantação de sistemas ERP: as pessoas. O envolvimento da força de trabalho e a motivação devem ser estimulados de forma incisiva e coordenados por profissionais qualificados para isso. Quando envolvemos os colaboradores nesse processo, ganhamos aliados importantes para alcançar o sucesso do projeto. Eles passam a fazer parte do time e a se sentir impulsionados a participar desse momento tão importante para a empresa. O estudo de caso que apresentaremos na Seção 6.6 propiciará um entendimento pleno da importância de considerarmos o fator *pessoas* durante a implantação de sistemas ERP.

Devemos ressaltar também que um projeto de implantação desse tipo de sistema pode ser conduzido por meio de diversas metodologias, as quais são definidas pela própria empresa ou pela consultoria especializada contratada para esse propósito.

Assim, podemos iniciar esse processo de duas formas (Bancroft; Seip; Sprengel, 1998): (a) big-bang, em que a implantação contempla todos os módulos de um ERP sem uma definição de prioridades ou sequenciamento lógico; e (b) abordagem de fases ou passo a passo, em que a implantação é realizada por módulos. Detalhamos, a seguir, as características dessas duas formas; utilizamos, para isso, as definições de um trabalho desenvolvido por Hypolito e Pamplona (1999).

> *Em uma implantação big-bang não há necessidade de se desenvolver interfaces entre os processos contemplados no projeto, e não há remodelamentos do sistema. Remodelamentos podem ser necessários em virtude da entrada gradativa dos módulos, ou seja, devido ao fato de, em cada fase, se modelar o sistema de acordo com os módulos a serem implantados, visando em conjunto as necessidades do negócio. Desta forma, pode ser preciso um modelamento específico devido à falta de funcionalidades presentes em módulos não considerados no escopo de fases iniciais, mas que em fases posteriores são implantados, levando então à necessidade de se remodelar o sistema. Por outro lado, em uma implantação big-bang existe o risco de que as operações da empresa sofram uma paralisação, causada pela entrada em produção dos módulos do ERP de uma única vez. A virada da chave, neste caso, significa que todos os processos inseridos no ERP passarão a ser nele executados do dia para a noite. Certamente ajustes serão necessários, e as operações podem ficar paradas enquanto eles não são realizados, principalmente quando não se trabalha com o sistema antigo em paralelo.*
>
> *Já em uma implantação faseada, deve-se desenvolver interfaces. No entanto, o risco é menor, já que os módulos são colocados em produção gradativamente, até que todo o escopo seja implantado. Desta forma, caso sejam necessários ajustes*

quando da entrada em produção do sistema, a provável paralisação acontece em escala significativamente menor. É importante considerar o fato de que, na implantação faseada, as interfaces desenvolvidas na primeira fase serão inutilizadas à medida que outros módulos forem implantados, além da provável necessidade de remodelamentos citados anteriormente.

Quanto às interfaces com processos não contemplados pelo projeto, existirão em qualquer uma das duas situações.

6.4 Seleção de produtos ERP

O processo de avaliação e seleção de um produto ERP deve ser tratado com uma atenção muito especial e envolver, além da área de tecnologia da informação – TI, todos os responsáveis pelas áreas de negócios que serão afetadas. Salientamos que a escolha errada de um ERP pode trazer transtornos imensuráveis para a empresa.

Algumas organizações optam por seus produtos com base em indicação ou até pela credibilidade do fornecedor, enquanto outras recorrem à ajuda de consultorias especializadas. Muitas empresas buscam, ainda, soluções mais econômicas. Não deve ser utilizado apenas um critério para a escolha, e, sim, um conjunto de premissas, a fim de minimizar a possibilidade de equívoco. Porém, o ponto fundamental nesse processo deve ser a adequação da funcionalidade do produto às necessidades atuais da empresa.

Apresentamos, na Figura 6.1, um modelo de seleção baseado em múltiplos filtros (Tonini, 2003). Com ele, pretendemos salientar a importância de definir um processo lógico e sequencial no momento da seleção de um determinado produto, a fim de diminuir as chances de insucesso. No entanto, ressaltamos que o modelo proposto não pode ser caracterizado como forma única ou mais correta.

Figura 6.1 – Modelo de seleção de produtos ERP

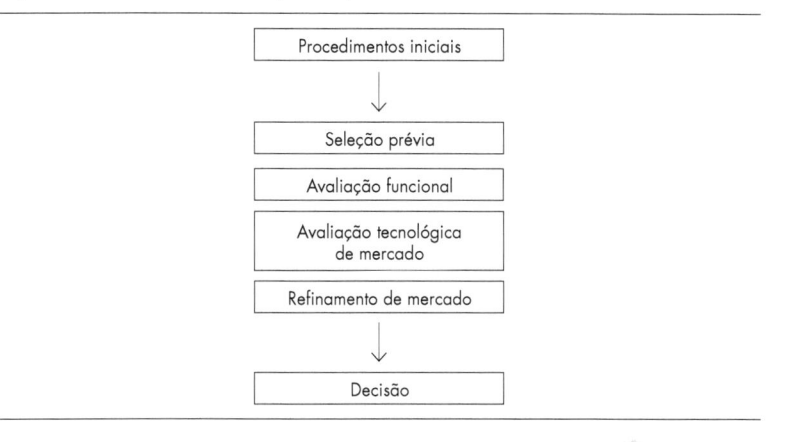

```
        Procedimentos iniciais
                  ↓
           Seleção prévia
         Avaliação funcional
       Avaliação tecnológica
            de mercado
        Refinamento de mercado
                  ↓
              Decisão
```

Fonte: Adaptado de Tonini, 2003, p. 29-60.

Para saber mais

HABERKORN, E. **Um bate-papo sobre a gestão empresarial com ERP**. São Paulo: Saraiva, 2007.

A Totvs® é hoje a maior fornecedora de sistemas ERP no Brasil. Ernesto Haberkorn, um de seus fundadores, escreveu *Um bate-papo sobre a gestão empresarial com ERP*, obra que aborda com riqueza de detalhes o tema *sistemas integrados de gestão*.

A seguir, apresentamos cada um dos múltiplos filtros propostos por Tonini (2003):

a. **Procedimentos iniciais** – Nesta fase, são identificados os responsáveis pela avaliação e o que deve ser avaliado. É designado um grupo de responsabilidade, no qual a alta direção deve obrigatoriamente estar envolvida. Depois, é realizado o levantamento das necessidades. Quanto mais detalhado esse levantamento, mais condições a empresa terá de identificar o sistema ERP que melhor atenda a suas necessidades. Posteriormente, são determinados os indicadores de desempenho, visando à mensuração futura dos benefícios advindos da implantação e do levantamento de outros requisitos importantes, como usabilidade, tecnologia e demais dados que sejam relevantes. Por fim, deve ser definido um sistema de pontuação, com o objetivo de selecionar o produto mais bem avaliado.

b. **Seleção prévia** – Como o mercado apresenta inúmeros produtos, deve ser realizada uma triagem inicial de produtos e fornecedores. Uma alternativa é buscar informações na concorrência. A web se apresenta como uma ferramenta muito útil nesta fase.

c. **Avaliação funcional** – Finalizada a seleção prévia, é fundamental uma avaliação funcional dos produtos e fornecedores escolhidos. Essa análise deve contemplar o material de divulgação fornecido e as funcionalidades do sistema, por meio de uma apresentação do produto pelo fornecedor/distribuidor. É imprescindível enviar uma lista de funcionalidades que a empresa quer avaliar e deixar claro para o fornecedor o que ele deve apresentar.

d. **Avaliação tecnológica e de mercado** – Nesta fase, devem ser observados aspectos referentes à infraestrutura de hardware e software necessária para a utilização do produto, bem como à plataforma operacional, ao banco de dados e à documentação.

e. **Refinamento e análise** – Constituído pelas atividades finais do processo de avaliação, o refinamento deve ser realizado somente para os sistemas que a empresa considera como mais aderentes às suas necessidades. Nesta etapa, o ideal é que a organização proponha o menor número de opções possível, com simulações de situações normais e críticas. Também devem ser avaliados detalhes comerciais básicos, tais como condições comerciais, suporte e atualizações de versão.

f. **Decisão** – O ranking dos softwares mais aderentes deve ser elaborado com base nas notas atribuídas pelos avaliadores, os quais, por fim, devem produzir um documento que contenha o planejamento das ações voltadas à implantação, que deve suceder o processo de aquisição comercial e a aquisição do produto.

6.5 Principais obstáculos para a implantação de sistemas ERP

Após a escolha do produto ERP mais adequado a uma determinada empresa, o próximo desafio é vencer os obstáculos que podem surgir no momento da sua implantação. Verificamos na prática um alto índice de fracassos nesse processo. Tal fato torna-se ainda mais crítico tendo em vista que as cifras movimentadas para a aquisição desses sistemas não são nada pequenas. Destacamos, a seguir, os principais obstáculos a serem transpostos no momento da implantação de um ERP:

- **Custos elevados** – Normalmente, o custo de um ERP é bastante elevado, não somente pelo software em si, mas por outros aspectos que também são necessários para o sucesso de sua implantação. Gastos com consultoria e treinamento consomem grande parte dos orçamentos, e normalmente uma modernização do parque tecnológico também é necessária.
- **Complexidade de customização** – Muitos fornecedores de ERP prometem total adequação de seus produtos, conforme as necessidades do cliente, argumento que, muitas vezes, é utilizado no momento da venda. Essa adequação caracteriza a capacidade de customização, ou seja, de realizações de ajustes sob medida para uma determinada empresa. No entanto, quanto mais customizado é um ERP, mais ele perde suas características iniciais, além de as customizações quase sempre implicarem mudanças de processos.
- **Resistência a mudanças** – Aspectos relativos às pessoas são considerados um fator crítico de sucesso (FCS). Quando há mudanças em uma empresa, geralmente há resistência por parte das pessoas. Diversos projetos de implantação de ERPs fracassam em decorrência do fato de as organizações não prepararem sua força de trabalho para as novas formas de organização impostas pelo sistema.
- **Compatibilidade com os sistemas legados** – Um dos propósitos da implantação de um ERP é a substituição de vários sistemas de informação por um sistema único. Entretanto, na prática, isso nem sempre ocorre, pois alguns sistemas, denominados *sistemas legados*,

nem sempre podem ser abandonados. Tal fato ocorre por divergência de tecnologias ou incompatibilidades entre linguagens de programação. Assim, no processo de seleção de um produto ERP, deve ser considerada a compatibilidade com os sistemas legados existentes.

- **Cultura organizacional** – Conforme abordamos anteriormente, grande parte das empresas é orientada por função (finanças, marketing, produção etc.) e, consequentemente, uma visão integrada dever ser desenvolvida. Essa tarefa não é simples, pois envolve mudanças de cultura da organização.
- **Altos custos com consultorias** – Voltamos a considerar aqui os vultosos custos com consultorias em razão de a maior parte dos fracassos em implantação de produtos ERP e dos estouros de orçamentos se concentrar nesse aspecto. Estima-se que consultorias impliquem duas vezes ou mais os custos de um projeto de implantação de um ERP.
- **Treinamentos inadequados** – O quesito *treinamento* também deve ser tratado com atenção especial. É comum as empresas reduzirem custos, cortando investimentos nessa área. As consequências podem não ser agradáveis para a organização, pois o uso não otimizado de um ERP pode contribuir para o fracasso da implantação e a perda de credibilidade do produto.

Para Belloquim, citado por Hypolito e Pamplona (2000),

> *o problema da implantação de um ERP está no fato de ser exigido que a empresa se adapte ao sistema, ou seja, os sistemas ERP levam as empresas a modificar seus processos para se adequar aos descritos em seus módulos. No entanto, empresas que possuem bons processos de negócios não irão ser beneficiadas com adaptações ao modelos [sic] do sistema. Já aquelas que possuem processos ultrapassados, com mau funcionamento, terão um grande benefício com tal adaptação.*

Por isso, é vital uma avaliação criteriosa por parte da organização. Muitos fornecedores oferecem as chamadas *customizações*, que podem ser entendidas como adequações do produto conforme as necessidades de cada cliente. Salientamos que elas não são recomendadas, uma vez que tornam significativamente difíceis a manutenção do sistema e a atualização de versões (Hypolito; Pamplona, 1999). Por outro lado, muitas das customizações solicitadas pelos clientes são agregadas ao produto do fornecedor, o que nos permite deduzir que o processo de implantação de um sistema ERP é uma estrada de dupla via, ou seja, é vantajoso tanto para o cliente, que é beneficiado pelas melhores práticas impostas por um ERP, como para o fornecedor, que acaba refinando seu produto, facilitando, assim, futuras implantações em empresas do mesmo segmento.

6.6 Estudo de caso sobre implantação de ERP

A seguir, apresentamos um estudo de caso fictício relativo à implantação de um sistema ERP em determinada empresa. Pretendemos ilustrar, com isso, a importância de considerarmos o aspecto humano como um fator crítico de sucesso.

Estudos de caso: APOSTA NO FATOR HUMANO

Para padronizar o mecanismo de trabalho de suas divisões, a empresa XYZ migrou para uma nova versão do sistema integrado de gestão – ERP. Até aí, nenhuma grande novidade, pois uma iniciativa como essa é comum no mundo da tecnologia da informação – TI. O diferencial nesse caso foi o processo de gestão de mudanças que aconteceu a partir de então. Durante a implementação, foram realizadas reuniões periódicas com os 30 usuários-chave das referidas divisões, com o intuito de levantar as necessidades de ambas, integrar o grupo e fazer ajustes para cumprir o cronograma.

Workshops e apresentações também fizeram parte dessa etapa de revisão de processos, que durou dois meses e meio. As divergências eram resolvidas por um comitê composto por representantes das divisões e da área corporativa, que respondia pelos interesses em comum. Havia, ainda, uma preocupação em preservar a cultura e manter a rotina da multinacional, que já se adaptara ao ERP em atividade, solução que havia orientado a companhia por cinco anos e cujo suporte estava prestes a expirar. O projeto teve a participação de doze colaboradores da empresa fornecedora da solução, entre consultores, analistas de TI e o gerente de projetos. Com essas providências, foi possível fazer as alterações necessárias, principalmente na fase de simulação, o que evitou que grande parte dos ajustes fossem feitos com o sistema já em funcionamento. Quando o sistema foi oficializado, as equipes já tinham chegado a denominadores comuns e estavam acostumadas a cumprir cronogramas nos prazos determinados. Além disso, todas essas medidas acabaram gerando maior comprometimento e união da equipe, que escolheu um nome para o projeto e reservou tempo para elaborar e manter uma página na intranet com informações de seu andamento.

Dentre as diversas melhorias advindas da implantação da nova versão do ERP, destacamos o fato de que essa nova solução permitiu maior rastreabilidade das operações e agilidade dos processos, garantindo a segurança dos dados e permitindo o seu registro para efeitos de auditoria. Além da aprovação eletrônica de documentos, outro benefício foi o cálculo de tempo médio para sua emissão: se antes demorava quarenta minutos, hoje não dura mais do que três.

Fonte: Adaptado de AJE, 2008, citado por Cruz, 2014.

Análise do estudo de caso da XYZ

1. Qual é o aprendizado principal a ser extraído desse estudo de caso?
2. Quais foram as principais ações da empresa que contribuíram para o sucesso na implantação do novo ERP?

Síntese

Neste capítulo, tratamos inicialmente do mercado de fornecedores de produtos ERP. Apontamos que esse mercado pode ser dividido de acordo com o porte da empresa – grande, médio e pequeno. O de grandes e médias empresas é dominado por fabricantes internacionais, como a empresa alemã SAP e a norte-americana Oracle. Já o de pequenas empresas é dominado pelas nacionais, que, além de preços mais acessíveis, soluções apresentam mais direcionadas a segmentos específicos e desenvolvidas com base nas exigências legais e fiscais do país. Em seguida, discutimos os aspectos relacionados à complexa implantação de um sistema ERP e comentamos algumas metodologias que vêm sendo utilizadas pelo mercado. Alertamos, ainda, para o grande número de fracassos em projetos de implantação e apresentamos soluções para minimizar as falhas desse processo. Na sequência, abordamos a seleção de produtos ERP, além da metodologia baseada em múltiplos filtros. Expusemos também os principais obstáculos para a implantação de um ERP, finalizando o capítulo com um estudo de caso por meio do qual chamamos a atenção do leitor para a importância do fator humano durante a execução desse tipo de projeto.

Questões para revisão

1. Como está dividido o mercado de fornecedores de sistemas ERP?
2. Descreva resumidamente as duas técnicas utilizadas para implantação de sistemas ERP.
3. Com relação aos principais fornecedores de ERP internacionais e nacionais, assinale V para as alternativas verdadeiras e F para as alternativas falsas:

    ( ) A SAP é o fornecedor brasileiro líder do segmento de ERP.
    ( ) A Totvs® é um fornecedor nacional que oferece soluções para pequenas, médias e grandes empresas.
    ( ) A Senior e a Acom são fornecedores nacionais.
    ( ) Microsiga e Datasul são fornecedores que foram adquiridos pela SAP.
4. O mercado apresenta diversos fornecedores de sistemas ERP.

Quanto aos principais fornecedores desses sistemas e seus respectivos países, assinale a opção correta:

   a. SAP – Estados Unidos.
   b. Oracle – Alemanha.
   c. SAP – Alemanha.
   d. Totvs – Alemanha.

5. A seleção de produtos ERP é uma atividade crítica para uma organização. Assinale a opção correta:

   a. É recomendada a utilização de uma metodologia adequada.
   b. Não é necessário o envolvimento da área de tecnologia da informação – TI.
   c. Não é recomendada a contratação de uma empresa de consultoria.
   d. Podemos selecionar qualquer produto, independentemente de seu segmento.

Questões para reflexão

1. Pensando no mercado nacional, como seria possível um fornecedor de sistemas ERP desenvolver um produto com base nas melhores práticas?

2. Em implantações de sistemas ERP, a não aceitação das pessoas quanto à solução escolhida normalmente acaba sendo um fator crítico de sucesso. Como uma organização pode minimizar tal fato, a fim de que a maior parte da equipe ofereça a menor resistência possível no momento da implantação?

Módulos que compõem um ERP

Conteúdos do capítulo

- Módulos que compõem um ERP.
- Conceitos e definições.
- Módulos básicos, específicos ou verticais e customizados.
- Principais módulos básicos de um sistema ERP.
- Soluções verticais.
- Customização de sistemas ERP.

Após o estudo deste capítulo, você será capaz de:

1. identificar os principais módulos de um sistema ERP;
2. entender a tendência de soluções verticais ou segmentadas;
3. reconhecer os principais módulos básicos de um sistema ERP;
4. compreender a importância e os riscos da customização de sistemas ERP.

Neste capítulo, analisaremos a modularidade, uma das características básicas dos sistemas ERP – Enterprise Resource Planning. Consideraremos os módulos básicos que compõem um sistema ERP e as possíveis necessidades de adaptação ou aquisição de módulos adicionais. Avaliaremos também as tendências no mercado dos fornecedores de sistemas ERP.

capítulo 7

7.1 Conceitos iniciais

Os sistemas ERP são divididos em módulos, tanto comercial quanto didaticamente, dentre os quais os mais clássicos são: financeiro, materiais, vendas, controladoria, qualidade, produção e recursos humanos. Os módulos que compõem um ERP podem variar de fornecedor para fornecedor; porém, alguns são vitais para a caracterização do conceito inicial de sistemas ERP, conforme discutimos no Capítulo 5.

Os módulos fundamentais para que um ERP cumpra sua finalidade como ferramenta de gestão empresarial são os responsáveis pelas atividades de backoffice. Portanto, independentemente do fornecedor, esses módulos são contemplados nas diversas soluções disponíveis no mercado.

Uma das características principais dos sistemas ERP é justamente a sua modularidade, ou seja, o cliente pode optar por adquirir apenas os módulos que são mais essenciais para a solução imediata de seus problemas. A modularidade permite, pois, que o cliente planeje quanto quer investir e no que investir. Por exemplo, uma empresa pode ter identificado seus principais problemas no controle financeiro e em seu estoque de produtos. Logo, essa empresa deve, de imediato, investir nos módulos que contemplam essas atividades. Posteriormente, outros módulos poderão ser adquiridos e incorporados aos já implantados. Com isso, além de ter mais agilidade e foco na solução de problemas, a organização também otimiza seus investimentos e o fluxo de caixa.

É importante, contudo, salientarmos a diferença entre os conceitos de *módulos* e *processos*, explicitada por Hypolito e Pamplona (1999). De acordo com esses autores, cada módulo de um ERP contempla funcionalidades relacionadas à área de atuação específica. Por exemplo, os módulos financeiros e de controladoria normalmente integram itens como contabilidade geral, faturamento, contas a receber, contas a pagar, contabilidade de centros de custos e gestão de ativos, enquanto o módulo de materiais integra compras e controle de estoques. Por outro lado, quando consideramos os processos, "verificamos que estes atravessam vários módulos do ERP. Por exemplo, o processo de custos abrange os módulos de produção, de materiais, além dos módulos financeiro e controladoria" (Hypolito; Pamplona, 2000). Esses autores explicam também que os sistemas ERP importados passam por uma espécie de "localização" ao entrar no Brasil, de modo a se moldarem às adequações fiscais e legais do país.

Os módulos dos sistemas ERP disponíveis no mercado enquadram-se em diversas categorizações. Vejamos os módulos mais comumente encontrados, conforme a classificação a seguir:

- módulos básicos;
- módulos específicos ou verticais;
- módulos customizados.

7.2 Módulos básicos

Grande parte dos fornecedores de sistemas ERP comercializa seus produtos em um pacote com os módulos básicos para a gestão do negócio e, adicionalmente, oferece módulos complementares que podem ser adquiridos individualmente, em função dos interesses e das estratégias da empresa.

Todos eles são integrados, visando propiciar consistência e visibilidade para todas as atividades inerentes aos processos de negócios da organização.

O conceito de módulos básicos é seguido pela maioria dos fornecedores de sistemas ERP. Logo, podemos considerar que são essenciais e obrigatórios. Destacamos, a seguir, os principais módulos básicos que são encontrados na maioria das soluções oferecidas pelos fornecedores de ERP. É importante salientarmos que os nomes dos módulos podem variar de fornecedor para fornecedor, mas as funcionalidades de cada módulo devem ser similares. Como a SAP foi a empresa pioneira nesse segmento de sistemas, tomaremos seu caso como exemplo, explicitado a seguir[*]:

- **CO (Controladoria)** – Envolve as ferramentas de planejamento, controle e monitoramento para sistemas que gerenciam toda a empresa e permite a implementação de um sistema de relatório uniforme para coordenação de seu conteúdo e roteamento para processo corporativo. Representa o fluxo de custos e receitas da empresa e é uma ferramenta gerencial para a tomada de decisões.
- **FI (Finanças)** – Todos os dados financeiros relevantes são coletados para contabilidade interna e para fins de emissão de relatórios. A documentação gerada e a capacidade de fornecimento de informações possibilitam a emissão de dados atualizados para funções de monitoramento geral da empresa e tarefas de planejamento. Suporta as atividades financeiras de contas a pagar, contas a receber, tributação, impostos, entre outras.
- **PP (Planejamento de Produção)** – Contempla processos integrados para todos os tipos comuns de produção. Permite planejamento e controle de produção normais, por encomenda, com variantes, bem como para estoques e projeto.
- **MM (Gerenciamento de materiais)** – Funções acionadas por fluxos de trabalho ativam todos os processos de compras e permitem

---

[*] Para mais informações, consulte: SAP. **Utilize o software ERP de classe mundial**: aguce sua vantagem e impulsione o crescimento da sua empresa com a solução de sistema integrado da SAP. Disponível em: <http://www.sap.com/brazil/solucoes/business-suite/erp/index.epx>. Acesso em: 6 jul. 2015.

a avaliação automática dos fornecedores. O gerenciamento preciso dos estoques reduz as tarefas de busca e manutenção de materiais, com a verificação integrada de faturas.

- **SD (Vendas e Distribuição)** – Suporta todas as atividades associadas a vendas, com funções integradas que possibilitam formação de preço, processamento de pedidos e entrega em tempo hábil. Abrange, ainda, análise de rentabilidade e produção.
- **HR (Recursos Humanos)** – Este módulo contém soluções para planejamento, administração e desenvolvimento humano. Abrange desde funções básicas, como gerenciamento de seminários e convenções, até recrutamento e administração de salários.

7.3 Módulos específicos ou verticais

Além dos módulos básicos, também são oferecidas soluções especializadas em diversos segmentos, que visam gerir processos diferenciados de atividades específicas. Tais módulos atendem a mercados denominados *verticais* ou *de nicho*. Como exemplo de produtos ERP para segmentos específicos, podemos destacar:

- planos de saúde;
- distribuidoras de alimentos;
- instituições educacionais;
- agronegócios;
- jurídico;
- seguros;
- transportadoras;
- e-commerce.

O conceito de módulos específicos ou verticais não foi concebido no momento da criação dos sistemas ERP. Conforme mencionado no Capítulo 5, a ideia original dos ERPs era a criação de um sistema genérico que contemplasse todas as funções de uma empresa, independentemente de seu segmento de atuação. Porém, na prática, foram constatadas muitas necessidades de adaptação. Surgiram, então, novas estratégias por parte dos fornecedores para suprir as demandas de seus clientes. A principal delas é a verticalização, ou seja, a criação de soluções customizadas para diferentes segmentos empresariais.

Com base nessa necessidade, muitos fornecedores de ERP reestruturaram estratégias de mercado e implementaram adaptações tecnológicas visando suprir mercados específicos. Tal adequação ocorreu tanto com fornecedores internacionais quanto com nacionais.

A empresa SAP, por exemplo, oferece um módulo específico para o gerenciamento de planos de saúde e convênios, que objetiva apoiar processos orientados ao paciente dentro do hospital. A tendência atual mostra que as vendas estão se movendo mais ainda para áreas específicas, como gerenciamento do chão de fábrica, logística e automação de marketing direto.

Uma outra estratégia que vem sendo utilizada pelos fornecedores de sistemas ERP é a prática de fusões e aquisições. Diversos fornecedores de porte pequeno oferecem produtos mais específicos e que são de interesse dos grandes fornecedores. A tática destes, cujos módulos básicos são bem estruturados e satisfazem plenamente às necessidades de seus clientes, é adquirir empresas ou formar parcerias estratégicas para incorporar essas novas funcionalidades ao sistema, como um módulo adicional.

Como exemplo, podemos citar a brasileira RM Sistemas, que anunciou a aquisição do software Janus para controle de infecção hospitalar em outubro de 2005:

> O módulo já foi integrado ao ERP da empresa, que aposta nele como o diferencial de seu sistema. A RM espera que o número de 18 clientes que o Janus possuía na ocasião em que foi comprado suba para 150 até o fim de 2006. A RM Sistemas começou a atuar no setor de saúde em fevereiro de 2005, quando adquiriu a Infoco. Desde lá ampliou as áreas de atuação e não descarta possíveis novas compras. (Ângelo, 2006)

Um segmento que evoluiu muito nos últimos anos e que tende a crescer ainda mais nos próximos é o e-commerce (comércio eletrônico). Um sistema ERP para a vertical de e-commerce deve contemplar atividades típicas de uma operação virtual. Podemos destacar as atividades de integração com canais de vendas on-line, logística reversa, pré-captura de pagamento, check out e monitoramento da entrega, para citar algumas das principais.

Além disso, é necessário desenvolver as integrações com plataformas virtuais (loja virtual), além da integração com outros sistemas legados da empresa e até mesmo do ERP do negócio principal (caso a empresa também execute operações físicas).

O mercado de ERP para e-commerce é composto por inúmeras empresas, com produtos voltados para clientes diversos, desde os de pequeno porte até empresas grandes, com faturamento na ordem dos milhões de reais. Podemos destacar alguns players nacionais que são fornecedores de ERP, conforme o quadro a seguir.

Quadro 7.1 – Soluções de ERP para e-commerce conforme o porte da operação

Porte da operação	Soluções de ERP para e-commerce disponíveis
Pequena (entre 100 e 500 pedidos/mês)	Tiny e Bling!
Média (entre 500 e 2.000 pedidos/mês)	Brascomm e Primestart
Grande (entre 2.000 e 30.000 pedidos/mês)	KPL, BSeller e Softvar

7.4 Módulos customizados

Uma outra forma de comercialização utilizada pelos fornecedores de sistemas ERP baseia-se nas customizações, isto é, adequações de acordo com a solicitação e as necessidades do cliente. As customizações podem trazer inúmeros benefícios para a organização. No entanto, podem descaracterizar uma das premissas básicas dos sistemas ERP, tendo em vista que eles são desenvolvidos com base nas melhores práticas. Algumas empresas, ao solicitarem customizações radicais, acabam sendo prejudicadas justamente por isso. Além disso, normalmente, trata-se de processos caros e que exigem um razoável tempo de desenvolvimento. Devemos salientar, ainda, que, se realizadas, as customizações devem ser bem documentadas.

Caso contrário, a empresa pode perder o controle sobre a originalidade do produto.

Por outro lado, os fornecedores, muitas vezes, são os maiores beneficiados com as customizações, primeiramente, porque aumentam suas receitas e também porque muitos fornecedores refinam seus produtos e os tornam mais competitivos em determinados segmentos.

Síntese

Neste capítulo, tratamos de uma das principais características dos sistemas ERP – a modularidade – e atestamos que eles podem ser compostos basicamente por três tipos de módulos: básicos, específicos ou verticais e customizados. Os módulos básicos constituem aqueles fundamentais para a gestão de uma empresa; são mais genéricos e aplicáveis a quase todas as organizações, independentemente de seu porte. Os módulos específicos ou verticais surgem como uma solução para empresas com atuação em segmentos específicos e constituem uma tendência no mercado de sistemas ERP. Por fim, os módulos customizados são representados por adequações do software original às necessidades específicas de um cliente.

Questões para revisão

1. Justifique a característica da modularidade em um ERP.
2. Qual é a finalidade dos módulos básicos?
3. Por que os fornecedores de sistemas ERP estão desenvolvendo soluções verticais? Assinale V para as alternativas verdadeiras e F para as alternativas falsas:

   ( ) Com o objetivo de atender a segmentos específicos.
   ( ) Por ser um mercado com alto potencial de vendas.
   ( ) Porque as soluções horizontais nem sempre atendem a algumas características específicas.
   ( ) Porque não há mais mercado para ERPs genéricos.

4. Uma das principais características de sistemas ERP é que são compostos por módulos. Quanto aos diversos tipos de módulos de ERP, assinale a opção correta:

   a. Módulos elementares, verticais e horizontais.
   b. Módulos básicos, horizontais e customizados.
   c. Módulos básicos, específicos ou verticais e customizados.
   d. Módulos elementares, específicos e verticais.

5. Quanto aos módulos básicos de um ERP, assinale a opção correta:

   a. Módulo de planos de saúde.
   b. Módulo de instituições educacionais.
   c. Módulo financeiro.
   d. Módulo de distribuição de alimentos.

Questões para reflexão

1. O mercado nacional de sistemas ERP oferece às organizações soluções verticais para praticamente todos os segmentos. Quais as vantagens de se contratar um ERP verticalizado e específico para um determinado segmento?

2. A implantação por módulos apresenta-se como uma das vantagens da utilização de sistemas ERP. Por que, na prática, apesar de os fornecedores venderem essa possibilidade de implantação modular, uma implantação desse tipo mostra-se muito difícil?

Sistemas produtivos industriais

Wanderson Stael Paris

Conteúdos do capítulo

- Cenário da produção de bens industriais.
- Conceitos e definições.
- Nova relação cliente-fornecedor.
- Sistemas MRP e MRPII.
- Teoria das restrições.

Após o estudo deste capítulo, você será capaz de:

1. conceituar *sistemas produtivos industriais*;
2. compreender a mudança de cenário da produção de bens industriais;
3. entender a nova relação cliente-fornecedor;
4. reconhecer os principais sistemas produtivos industriais;
5. identificar as características positivas e negativas dos sistemas MRP, JIT e TOC.

Neste capítulo, trataremos de alguns sistemas produtivos industriais: planejamento das necessidades de materiais (MRP), planejamento dos recursos de manufatura (MRP II), produção Just-in-Time (JIT) e sistema kanban, tecnologia da produção otimizada (OPT) e teoria das restrições (TOC). Focaremos a abordagem inicial na apresentação de alguns conceitos preliminares que envolvem aspectos estratégicos na utilização desses sistemas e ambientes de demanda, permitindo que o leitor se familiarize com os temas que envolvem o sistema produtivo industrial. Ao final do capítulo, disponibilizaremos um quadro comparativo entre os SPIs trabalhados, evidenciando suas principais características. Ressaltamos que todos os conceitos que apresentamos estão fundamentados em nossos estudos e experiências acadêmicas e profissionais.

capítulo 8

8.1 Conceitos iniciais

Mudanças na economia mundial e no cenário da produção de bens industriais vêm transformando o mercado e a forma de administrá-lo. Uma das áreas que têm promovido grandes modificações na gestão empresarial é a administração da produção. Vários fatores têm contribuído para que essa área obtenha destaque, entre os quais podemos citar:

- a exigência de produtos com maior qualidade e menor custo em função de novos padrões no comportamento do consumidor;
- o rápido desenvolvimento de novas tecnologias de gestão de manufatura e de seus processos;
- as mudanças da organização do trabalho nos sistemas produtivos em função das reduções nos tamanhos de lote e consequente redução da produtividade;
- alianças comerciais entre os mercados (União Europeia, Mercosul, Alca etc.), que vêm promovendo constantes reestruturações na economia mundial.

Tais fatores impulsionam o surgimento de novas formas de manufatura, que buscam uma gama maior de variedade e personalização dos produtos por meio do incremento em qualidade, agilidade e flexibilidade, com a utilização de curtos ciclos produtivos e foco em uma drástica redução dos custos operacionais. No novo modelo competitivo, prevalece o sistema de produção customizada – em substituição ao sistema de produção padronizada, o qual compõe os princípios essenciais do modelo Ford de produção em massa, que perdurou até poucos anos atrás.

O sistema customizado busca melhorar a adaptabilidade das organizações industriais para que seja possível introduzir novos produtos no tempo adequado e aumentar a flexibilidade dos sistemas produtivos.

No novo modelo, a relação cliente-fornecedor é fundamentada em cinco características básicas:

1. **Flexibilidade** – capacidade de adaptar-se, de forma rápida e precisa, às mudanças solicitadas pelo cliente ou pelo mercado.
2. **Rapidez de entrega** – agilidade no atendimento à demanda do cliente ou do mercado.
3. **Tipo de produto** – grau de customização *versus* padronização.
4. **Tipo de cliente** – fornecimento intermediário *versus* consumidor final.
5. **Tamanho de lotes** – quantidade de produtos iguais.

Assim, com base nas características citadas, as organizações podem tratar o ambiente de demanda de cinco formas diferentes:

1. **Produção sob projeto (PSP)** – quando a flexibilidade é alta; a rapidez de entrega é baixa; a customização é alta; o cliente é, normalmente, o usuário final; o tamanho do lote é pequeno (muitas vezes, unitário).
2. **Produção para estoque (PPE)** – quando a flexibilidade é baixa; a rapidez de entrega é alta ou baixa; a padronização é alta; o cliente pode ser um consumidor intermediário ou final; o tamanho do lote é grande.

3. **Produção Sob Encomenda (PSE)** – quando a flexibilidade é alta; a rapidez de entrega é baixa; a customização é alta; o cliente pode ser um consumidor intermediário ou final; o tamanho do lote é pequeno.
4. **Montagem Sob Encomenda (MSE)** – quando a flexibilidade é alta; a rapidez de entrega é alta; a customização é alta; o cliente é, normalmente, o usuário final; o tamanho do lote é pequeno (muitas vezes, unitário).
5. **Fornecimento de Linha (FDL)** – quando a flexibilidade é alta; a rapidez de entrega é muito alta; a customização é alta ou baixa; o cliente é um consumidor intermediário (indústria); o tamanho do lote é pequeno.

Em face dessas diferenças, fica evidente a importância do posicionamento da organização em relação à cadeia de fornecimento em que está inserida. O sistema produtivo utilizado precisa ser tratado como fator competitivo e estar atrelado às estratégias empresariais. Ele é um fator preponderante para o alcance dos objetivos da empresa e, como tal, suas atividades operacionais de manufatura devem representar o desdobramento das ações definidas no planejamento estratégico.

Para a escolha do sistema produtivo, precisam ser considerados, também, dois outros fatores importantes:

1. **Agregação de valor** – O cliente deve reconhecer a qualidade e as especificações dos produtos e processos, bem como estar disposto a pagar por elas.
2. **Inovação** – Trata-se da capacidade de promover melhoria contínua com vistas à redução de custos e ao aprimoramento constante da qualidade dos produtos e dos processos.

A gestão da produção em uma indústria costuma ser representada pelas atividades de planejamento e controle da produção. Assim, o termo *planejamento e controle da produção* – PCP é utilizado para designar uma série de atividades tradicionalmente executadas dentro de uma outra atividade mais ampla e fundamental dentro da indústria: a gestão da produção. Para Nardini e Pires (2003), essas atividades são geralmente realizadas por meio dos chamados **sistemas de PCP**, os quais relacionamos a seguir:

- Planejamento das necessidades de materiais – MRP (Material Requirement Planning) e seus sucessores, planejamento dos recursos de manufatura – MRP II (Manufacturing Resource Planning) e planejamento dos recursos da empresa – ERP (Enterprise Resource Planning);
- Produção Just-in-Time – JIT e o sistema kanban;
- Tecnologia da produção otimizada – OPT (Optimized Production Technology) e teoria das restrições – TOC (Theory of Constraints).

O dia a dia do programador da produção envolve decisões que são determinantes na formação dos custos de produção, tais como uso de horas extras, desligamento de recursos com baixa utilização e contratação de força de trabalho temporária. Os planos de produção enviados ao chão de fábrica, muitas vezes revisados diariamente, determinam, em grande instância, o desempenho de entrega da manufatura (um dos objetivos estratégicos considerados na teoria clássica da estratégia de manufatura). Uma decisão desse tipo, tomada isoladamente, pode exercer um baixo impacto no desempenho global da empresa; porém, a soma dos resultados das diversas decisões de planejamento da produção tomadas diariamente certamente tem um alto peso estratégico. Na sequência, trataremos de cada um dos PCPs listados anteriormente.

8.2 Sistemas MRP e MRP II

Resumidamente, podemos dizer que o MRP ou MRP I (planejamento das necessidades de materiais) implica o seguinte processo: busca dos tipos de produtos com suas respectivas quantidades constantes da carteira de pedidos ou da previsão de vendas, identificação das listas de materiais de cada produto, cálculo das necessidades brutas e subtração dos materiais constantes nos registros de estoque. A partir dos cálculos gerados, é possível programar as ordens de compra, o plano de materiais e as ordens de trabalho.

Qualquer que seja o sistema considerado, a seguinte pergunta deveria ser feita: como o sistema está conectado em termos de plano mestre de produção, planejamento da capacidade, liberação dos pedidos de compra, liberação das ordens de produção ou outros subsistemas de controle?

O MRP apresenta um modelo mais simplificado, por ser essencialmente voltado para o planejamento e o controle de produção e estoques. A Figura 8.1 mostra um modelo esquemático dos registros de estoque MRP.

Figura 8.1 – Registros de estoque MRP

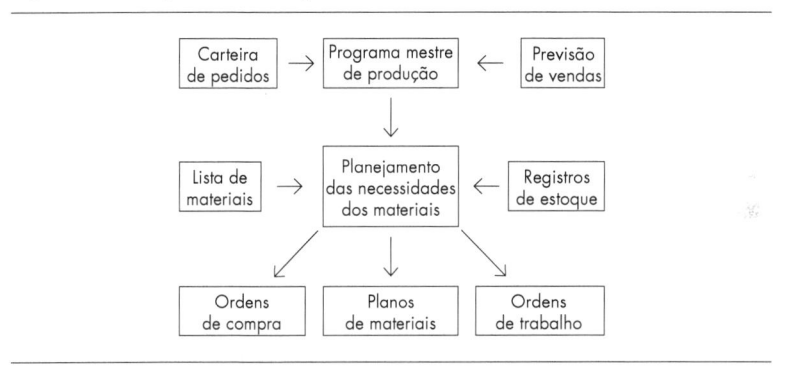

```
   Carteira        →   Programa mestre    ←    Previsão
   de pedidos          de produção             de vendas
                            ↓
   Lista de        →   Planejamento       ←    Registros
   materiais           das necessidades         de estoque
                       dos materiais
                     ↙      ↓      ↘
              Ordens     Planos      Ordens
              de compra  de materiais de trabalho
```

Fonte: Adaptado de Slack et al., 1999, p. 340.

O MRP II (planejamento dos recursos de manufatura) é um sistema que reúne todas as informações referentes às diversas atividades de produção em uma única base de dados. É muito importante para o bom desempenho do planejamento da produção industrial, porque ultrapassa as fronteiras do MRP, que é restrito ao cálculo das necessidades de materiais.

No MRP, alguns documentos são duplicados e tratados por diferentes sistemas. Quando há necessidade de alguma alteração, é comum verificarmos distorções entre os documentos, principalmente na lista de materiais, administrada pela engenharia de produto e pela área de materiais. Quando as mesmas informações são tratadas em bases de dados diferentes, são comuns os erros de digitação, que provocam grandes problemas na execução dos planos de fabricação.

Os diversos módulos do MRP II integram vários sistemas menores capazes de evitar os problemas citados e executar as variadas funções que compreendem o planejamento e o controle da produção. As atividades básicas desse PCP são ilustradas na Figura 8.2.

Figura 8.2 – MRP de ciclo fechado

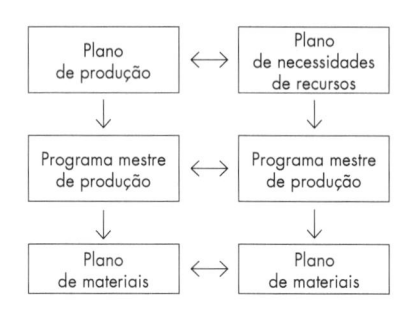

```
┌─────────────────┐     ┌─────────────────┐
│     Plano       │ ←→  │     Plano       │
│  de produção    │     │ de necessidades │
│                 │     │   de recursos   │
└────────┬────────┘     └────────┬────────┘
         ↓                       ↓
┌─────────────────┐     ┌─────────────────┐
│ Programa mestre │ ←→  │ Programa mestre │
│  de produção    │     │  de produção    │
└────────┬────────┘     └────────┬────────┘
         ↓                       ↓
┌─────────────────┐     ┌─────────────────┐
│     Plano       │ ←→  │     Plano       │
│  de materiais   │     │  de materiais   │
└─────────────────┘     └─────────────────┘
```

Fonte: Adaptado de Slack et al., 1999, p. 327.

Oliver Wight* definiu o MRP II como "um plano global para o planejamento e monitoramento de todos os recursos de uma empresa de manufatura: manufatura, marketing, finanças e engenharia. Tecnicamente, ele envolve a utilização do sistema MRP de ciclo fechado para gerar números financeiros" (Wight, 1984, p. 64).

Na administração de ciclo fechado, o planejamento das prioridades é essencial. Uma meta muito importante do MRP é o baixo nível dos estoques, que podem ser tratados em termos de rotatividade de estoque ou giros de inventário. Esse objetivo é ainda mais importante quando as taxas de juros do mercado são altas. O que constatamos mais frequentemente nas empresas é a medição em termos de dias, semanas ou meses de suprimento. O inventário custa muito caro, bem como a estocagem, a movimentação e, ainda, o tempo de vida ou obsolescência, o qual está relacionado com os produtos que sofrem frequentes alterações de engenharia em suas listas de material.

Segundo Paris e Cleto (2002), a integração das informações do produto entre os setores é um fator crítico de sucesso para a competitividade de uma empresa. Isso se dá em função de alguns benefícios obtidos a partir da integração, como rápido acesso às informações em qualquer estágio do produto (nível de alterações), redução do número de pessoas envolvidas

---

* Oliver Wight é considerado um dos "pais" do MRP e do MRP II.

na alimentação de dados, redução da burocracia e rapidez de resposta aos clientes.

O controle do nível de estoque e o atendimento ao cliente são as duas metas mais visíveis traçadas para a administração de materiais. Embora medir os custos de manutenção de estoques seja um problema, transtorno muito maior é medir a falta de estoque. Essa é a principal razão pela qual o atendimento ao cliente é muito importante, apesar de ser difícil quantificá-lo.

Outro objetivo importante do MRP é a produtividade da mão de obra. A redução do tempo de preparação aumenta a produtividade. Quanto maior o tempo de preparação, mais importante esse tema se torna para o MRP. A quebra de equipamentos é outro aspecto relevante, por isso manutenção preventiva ou outras formas de manutenção devem ser levadas em consideração. Outra meta, geralmente deixada de lado, é a utilização da capacidade instalada. Na maioria das vezes, ela é superdimensionada para haver maior segurança, assim como os estoques.

A administração de materiais deve ter o propósito de melhorar continuamente os objetivos do MRP. O desafio é atender ao cliente da melhor forma, com o menor investimento em estoque. Os principais fatores que influenciam essas metas são a previsão de vendas e o desenvolvimento de um plano mestre de produção. A alta administração também deve perceber que o fluxo de caixa está implícito no plano mestre, que podemos chamar de *plano global*.

Uma outra atividade desenvolvida no MRP é a denominada *liberação de ordens* (também ligada ao plano mestre), na qual existe a dimensão de tempo e quantidade, isto é, quando e quanto.

Além dessas atividades feitas no MRP, existem o seguimento (follow-up), a expedição e o planejamento de prioridade. Temos, também, o planejamento da capacidade, que é a atividade na qual é constatada a existência de altos e baixos ou ainda de sobrecargas de capacidade, de modo que seja possível tomar as medidas necessárias com antecedência. Por fim, devemos considerar a manutenção dos registros.

Salientamos que, para o conceito de administração de materiais ser efetivo, é necessário ter coordenação, pois ele envolve muitas pessoas com necessidades, objetivos e prioridades conflitantes.

8.2.1 Principais módulos do MRP II

Os sistemas MRP II são compostos por módulos que interligam as diferentes funções do PCP. Os pacotes computacionais disponíveis no mercado são similares quanto aos módulos principais e à lógica básica. Vejamos a Figura 8.3.

Figura 8.3 – Módulos básicos do MRP II

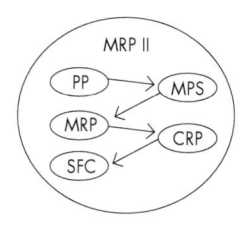

Fonte: Adaptado de Slack et al., 1999, p. 32.

O MRP II é composto por cinco módulos básicos, definidos por Corrêa e Gianesi (1996):

1. Planejamento de Produção (Production Planning);
2. Planejamento Mestre de Produção (Master Production Schedule – MPS);
3. Cálculo das Necessidades de Materiais (Material Requirements Planning – MRP);
4. Cálculo das Necessidades de Capacidade (Capacity Requirements Planning – CRP);
5. Controle de Fábrica (Shop Floor Control – SFC).

Vejamos, a seguir, cada um desses módulos básicos:

1. **Planejamento de Produção (PP)** – Tem como função principal fornecer subsídios para a decisão dos planejadores com relação aos níveis agregados de estoques e de produção período a período, com base na carteira de pedidos ou nas previsões de demanda agregadas (demanda do mix de produtos).

2. **Planejamento Mestre de Produção (MPS)** – Promove o carregamento da capacidade instalada visando à sua melhor utilização com base nas limitações de capacidade agregada identificadas. É auxiliado pelo RCCP (Rough-Cut Capacity Planning), que compõe o módulo de Cálculo das Necessidades de Capacidade (CRP). O MPS é o elemento de ligação entre os níveis mais agregados do planejamento, responsável pelos cálculos das necessidades de recursos. As decisões estratégicas quanto ao MPS devem considerar algumas questões:
   - incertezas de demanda – tratamento de níveis de estoque de segurança, quando necessário;
   - importância estratégica – atrasos e/ou não atendimento de pedidos;
   - importância estratégica relacionada à minimização dos níveis de estoque – custos financeiros e redução do capital de giro;
   - custos financeiros e organizacionais das variações dos níveis de produção – variabilidade excessiva dos níveis de saída do sistema produtivo.

3. **Cálculo das Necessidades de Materiais (MRP)** – Baseia-se num registro básico da posição e dos planos referentes à produção e aos estoques de cada item. Esse registro é chamado de *MRP time-phase record* e é composto por alguns elementos:
   - período – time bucket;
   - necessidades brutas – gross requirements;
   - recebimentos programados – scheduled receipt;
   - estoque projetado disponível – projected available balance;
   - plano de liberação de ordens – planned order releases;
   - tempo de ressuprimento – lead-time;
   - tamanho do lote – lot size.

O MRP gera liberações de ordens planejadas a partir dos cálculos das necessidades brutas, dos recebimentos programados e do estoque disponível projetado. Salientamos que o entendimento do funcionamento do registro básico do MRP é fundamental para a compreensão de todo o processo.

No Quadro 8.1, apresentamos um exemplo do registro básico período a período do MRP, considerando o tempo de ressuprimento de um período, tamanho do lote igual a 620 unidades e estoque inicial de 13 unidades.

Quadro 8.1 – Registro básico período a período do MRP

Período	1	2	3	4	5	6	7
Necessidades brutas			255		364	302	
Recebimentos programados		620					
Estoque projetado disponível	13	633	378	378	14	332	332
Plano de liberações de ordens					620		

4. **Cálculo das Necessidades de Capacidade (CRP)** – Sua função é prover futuras necessidades e identificar possíveis ociosidades que venham a ocorrer. Deve ser feito com antecedência suficiente, a fim de maximizar a eficiência de um sistema de administração da produção. Capacidade de manufatura insuficiente pode prejudicar o desempenho de uma empresa quanto ao cumprimento de prazos, um critério essencial no mercado competitivo atual. O CRP fornece subsídios para a tomada de decisões gerenciais quanto às ordens de produção, tanto para sua confirmação e alteração como para o redirecionamento das ações quando da inviabilidade do plano em função da disponibilidade dos recursos produtivos.

5. **Controle de Fábrica (SFC)** – Responsável por executar o plano de materiais e de capacidade, controlar todas as atividades dos centros de trabalho, maximizar a produtividade e controlar prioridades (O que estamos produzindo? Quais itens? Quando iniciamos e quando terminamos? Quando são necessários? Como fazemos?).

Sequencia as ordens de produção por célula e controla a produção dentro do prazo planejado no chão de fábrica. A função básica deste módulo é a interação dos sistemas de controle e acompanhamento, com foco no cumprimento dos prazos. O SFC utiliza algoritmos de programação finita, gerando um carregamento detalhado a partir do sequenciamento das ordens nos recursos em um período planejado.

8.3 Sistema Just-in-Time – JIT/kanban

O sistema Just-in-Time (JIT) surgiu no Japão, na década de 1960, e foi desenvolvido na indústria automobilística, mais especificamente na Toyota Motor Company. Na década de 1970, esse conceito foi difundido para o ramo de autopeças e eletrônica. Com o avanço da economia japonesa, já nos anos 1980, o sistema passou a ser difundido também para o mundo ocidental.

Just-in-Time significa produzir as unidades necessárias em quantidades necessárias, no tempo necessário. Logo, o sistema JIT tem como regra produzir no momento em que houver demanda, ou seja, quando um estoque tender a zero. Seu sucesso está vinculado aos fatos de que o controle da programação deve garantir a presença da matéria-prima no momento certo da produção e de que o balanceamento da capacidade produtiva deve ser capaz de produzir no tempo adequado. No sistema de planejamento, são utilizados três tipos de pedidos aos fornecedores (internos e externos):

1. plano agregado de produção (release anual, semestral, trimestral);
2. plano mestre de produção (release mensal);
3. plano detalhado (pipeline – programação de um, dois ou três dias).

As alterações detalhadas nos programas do plano podem ser introduzidas na produção por meio do kanban* em um ponto simples: a expedição. A partir desse setor, a produção é "automaticamente" reajustada.

---

* Palavra japonesa que significa "cartão" ou "sinal". Voltaremos a tratar desse termo na próxima seção.

Segundo Shingo (1996), o segredo está no balanceamento, o qual consiste no fato de um processo produzir a mesma quantidade que o processo seguinte. Para isso, é preciso que os trabalhadores, os equipamentos e todos os outros fatores estejam organizados. Esse autor também trabalha o conceito de produção mista e apresenta as seguintes vantagens:

a. existe a distribuição da carga (balanceamento);
b. os balanceamentos da produção geram cargas balanceadas nos processos de fabricação, assim como nos fornecedores;
c. tenta-se evitar o duplo transporte de componentes durante o processamento.

A maior desvantagem desse método é o elevado número de setups[*]. Porém, para compensar essas dificuldades, podemos apontar como solução o treinamento dos trabalhadores em operações múltiplas, o emprego de dispositivos, ferramentas e máquinas com várias funções para facilitar as trocas rápidas, a incorporação de verificações sucessivas, autoverificação e dispositivos poka-yoke (sistema à prova de falhas utilizado em linhas de produção) e abastecimentos em pequenos lotes sem erros.

Os balanceamentos são responsáveis pela minimização de estoques de produtos acabados; contudo, ainda podem existir erros, como a movimentação e a fixação incorretas de peças nas máquinas ou mesmo a sua não fixação.

A filosofia JIT tem em vista cinco objetivos básicos (Tubino, 2000):

1. **Satisfazer as necessidades do cliente** – redução de custos internos; produção de pequenos lotes com qualidade; flexibilidade; redução de estoques; projeto em conjunto com o cliente etc.
2. **Eliminar desperdícios** – superprodução; espera; movimentação e transporte; processamento; estoques; movimentos improdutivos; produtos defeituosos.
3. **Melhorar continuamente** – zero defeito; zero estoque; zero movimentação; zero lead time; zero tempo de setup; lotes unitários etc.
4. **Envolver totalmente as pessoas** – mudanças de atitudes.

---

[*] Troca de ferramentas.

5. **Organização e visibilidade** – layout; locais específicos para armazenagem do material em processo; locais específicos para armazenagem de ferramentas etc.

Para o bom funcionamento de um sistema JIT, é preciso considerar alguns fatores críticos de sucesso, a saber:

- **Qualidade** – Como não existem estoques intermediários no JIT, os defeitos podem acarretar paradas na linha de produção. Eles devem ser descobertos na própria célula ou no passo seguinte do processo. O índice de qualidade deve estar bem próximo dos 100%.
- **Multifuncionalidade operacional** – O operador da célula deve ser capaz de promover a manutenção de primeiro nível (TPM). Partindo do trabalho com pequenos lotes, o operador deve estar apto a mudanças rápidas.
- **Fornecedores** – No JIT, o relacionamento com os fornecedores deve ser marcado por uma parceria efetiva. Faz-se necessário um programa de qualidade assegurada, pois o nível dos produtos fornecidos deve acompanhar os da empresa (bem próximo dos 100%), a fim de que esta tenha passe livre para o fornecimento direto na linha e, assim, não haja a sua interrupção.
- **Tempos de preparação (setup)** – Baixos tempos de preparação de máquinas representam baixos níveis de estoque em giro na fábrica.
- **Programa mestre (master plan)** – O programa mestre de produção é geralmente representado pelo programa de montagem final do produto e normalmente trabalha com o período de um a três meses. Esse horizonte se faz necessário em função do planejamento das células de trabalho (fornecedores internos) e também para que os fornecedores externos possam se planejar.
- **Kanban** – É um sistema de controle de fluxo de material, aplicável no nível da fábrica, por meio de cartões ou outro elemento visual. O proósito é minimizar os estoques; tem como regra básica fabricar somente quando houver um input (solicitação) do setor/operação posterior.

8.3.1 Controle kanban

O kanban tem como objetivo operacionalizar o sistema de produção e controle puxado. Significa "cartão" ou "sinal", ou seja, é um cartão utilizado por um estágio cliente, para avisar seu estágio fornecedor de que deve enviar mais material.

Esses cartões podem ser de três tipos distintos (Slack et al., 1999):

- **Kanban de transporte** – utilizado para avisar o estágio anterior de que o material pode ser retirado do estoque e transferido para uma localização específica.
- **Kanban de produção** – utilizado para avisar o estágio anterior de que ele pode produzir um item determinado para que seja colocado no estoque.
- **Kanban de fornecedor** – utilizado para avisar o fornecedor de que é necessário enviar determinado componente para a linha de produção.

Em uma primeira etapa para a implantação de sistemas enxutos de produção, a determinação das quantidades de kanbans deve ser realizada no mesmo nível de produção observado no sistema convencional ou atual. À medida que os níveis de estoques em processo são reduzidos, começam a aparecer os problemas que ficam ocultos.

Para a implementação de sistemas kanban, é necessário que exista um processo caracteristicamente repetitivo. A evolução de um sistema kanban pode chegar até os princípios de produção de lote único e ele deve ser visto como uma ferramenta de auxílio para a produção do chão de fábrica no controle de seus estoques.

Em processos nos quais a variação da demanda tem um fator significativo na produção, a adoção de um sistema de lote único permite que as linhas de produção se adaptem a novas exigências momentâneas. Ainda nessa perspectiva, a produção em pequenos lotes faz com que os setups rápidos tenham de ser mais rápidos ainda.

8.4 Sistemas OPT/TOC

A teoria das restrições tem sua origem no final da década de 1970, quando pesquisadores, em especial Goldratt e Fox (1989), procuraram alternativas para a lógica convencional de planejamento e programação da produção via MRP, desenvolvendo um software comercialmente conhecido como *OPT – Optimized Production Technology*. A disponibilidade de recursos computacionais mais poderosos permitiu que o software OPT, ao contrário dos softwares baseados na lógica do MRP oriundos da década de 1960, fosse desenvolvido sobre uma base de dados que considerava a estrutura do produto (lista de materiais) e a do processo (rotina de operações) simultaneamente, viabilizando a análise em paralelo da capacidade de produção e do sequenciamento do programa.

> *O software OPT, na década de 1980, teve alguma penetração na Europa e nos EUA, porém no Brasil não teve o mesmo destino. Contudo, em nível acadêmico, as questões levantadas por esse software com relação à programação finita da rede de atividades em um sistema de produção convencional foram estruturadas em um conjunto de regras ou conceitos conhecido como teoria das restrições, a qual tem o princípio de gargalo por base. Gargalo é como chamamos a limitação de fluxo de itens em um certo ponto do sistema produtivo.* (Tubino, 2000, p. 164)

Assim, os recursos produtivos podem ser divididos em dois grupos: gargalos e não gargalos. Com base nessa divisão e na percepção de que a forma como eles se relacionam define o fluxo produtivo, os custos com estoques e as despesas operacionais, parte-se de um conjunto de dez regras, descritas a seguir, para direcionar as questões relativas ao sequenciamento de um programa de produção. São elas:

- *Regra 1: A taxa de utilização de um recurso não gargalo não é determinada por sua capacidade de produção, mas sim por alguma outra restrição do sistema.*
- *Regra 2: Utilização e ativação de um recurso não são sinônimos.*
- *Regra 3: Uma hora perdida num recurso gargalo é uma hora perdida em todo o sistema produtivo.*
- *Regra 4: Uma hora ganha num recurso não gargalo não representa nada.*

- *Regra 5: Os lotes de processamento devem ser variáveis e não fixos.*
- *Regra 6: Os lotes de processamento e de transferência não necessitam ser iguais.*
- *Regra 7: Os gargalos governam tanto o fluxo como os estoques do sistema.*
- *Regra 8: A capacidade do sistema e a programação das ordens devem ser consideradas simultaneamente, e não sequencialmente.*
- *Regra 9: Balanceie o fluxo e não a capacidade.*
- *Regra 10: A soma dos ótimos locais não é igual ao ótimo global.* (Tubino, 2000, p. 167)

Na prática, é muito difícil implementar esses conceitos dentro de um sistema produtivo convencional, principalmente em função da mudança constante dos pontos gargalos. Porém,

> *existindo uma certa constância dos pontos limitantes do sistema, podemos empregar uma heurística de cinco passos como forma de direcionar as ações da programação da produção dentro destas regras, qual seja:*
> 1. *Identificar os gargalos restritivos do sistema;*
> 2. *Programar estes gargalos de forma a obter o máximo de benefícios;*
> 3. *Programar os demais recursos em função da programação anterior;*
> 4. *Investir prioritariamente no aumento da capacidade dos gargalos restritivos do sistema;*
> 5. *Alterando-se os pontos gargalos restritivos, voltar ao passo 1.* (Tubino, 2000, p. 169)

Goldratt e Fox (1989) promovem algumas discussões sobre como uma empresa se torna mais competitiva, considerando-se as limitações de tempo, de recursos e de capital. Os autores conceituam algumas medidas operacionais globais, como:

- **ganho** – o índice no qual o sistema gera dinheiro por meio das vendas;
- **inventário** – todo dinheiro que o sistema investe na compra de coisas que o sistema pretende vender;
- **despesa operacional** – todo dinheiro que o sistema gasta para transformar inventário em ganho.

Segundo os autores, o impacto tradicionalmente reconhecido dos melhoramentos do inventário diminui rapidamente junto com o inventário. Eles indicam o que, na sua concepção, são hoje as questões da vantagem competitiva e a influência do inventário sobre elas. Aparentemente, como se apresenta, o inventário representa mais de 80% da vantagem competitiva.

Os estoques de segurança predeterminados de inventário regulam o índice de produção das linhas de montagem e dos sistemas kanban. O trabalho é sincronizado, o inventário é baixo, mas qualquer interrupção significativa faz com que o sistema inteiro pare. A primeira etapa na direção da manufatura sincronizada é a identificação das restrições, considerando-se que é possível usar uma análise das principais questões dos negócios para identificar os recursos com restrições de capacidade (RRCs).

8.5 Definição do sistema mais adequado

Para poder tomar decisões adequadas quanto à implantação de um sistema de produção, é vital que a organização tenha uma visão muito clara do negócio e do seu foco de atuação. As diferentes estratégias de mercado demandam sistemas produtivos capazes de prover seus mercados com diferentes características de desempenho.

Para saber mais

SLACK, N. et al. **Administração da produção**. São Paulo: Atlas, 1999.

Indicamos a leitura desse livro porque ele aborda o tema da administração da produção, cujas tecnologias evoluem constantemente e têm como objetivo a busca pelo aumento de produtividade e qualidade.

No Quadro 8.2, destacamos algumas características positivas e negativas dos três sistemas tratados neste capítulo.

Quadro 8.2 – Comparação entre MRP, JIT e TOC

	Características positivas	**Características negativas**
MRP	• Ampla base de dados propícia à tecnologia CIM; • Aplicável a sistemas produtivos com grandes variações de demanda e mix de produtos; • Feedback dos dados e controles on-line abrangendo todas as principais atividades do PCP.	• Uso intenso de computadores com volume de dados muito grande; • Custo operacional alto; • Necessidade de alta acurácia dos dados; • Implementação geralmente complexa.
JIT	• Simplicidade; • Melhoria da qualidade; • Mudanças positivas na organização e na mão de obra; • Baixo nível dos estoques.	• Aplicação restrita a sistemas produtivos com pouca variação na demanda e no mix de produtos; • Dependência maior dos fornecedores externos.
TOC	• Capacidade de simulação da produção; • Aplicável a sistemas produtivos com grandes variações de demanda e mix de produtos; • Direcionamento dos esforços.	• Desconhecimento da sistemática de trabalho do módulo OPT; • Mais aplicável à programação e ao controle da produção; • Poucos resultados sobre implantação têm sido divulgados.

Fonte: Adaptado de Pires, 1995, p. 234.

Síntese

Neste capítulo, apresentamos dados comparativos entre os sistemas produtivos industriais para demonstrar as diferenças entre eles. Comentamos diversos conceitos ligados a esses sistemas, a fim de estimular o desenvolvimento de uma visão mais crítica, de modo que os responsáveis por tomar decisões na organização possam fundamentar sua escolha entre os sistemas. Abordamos também os cinco principais módulos do MRP II existentes nos programas comerciais disponíveis no mercado, evidenciando a relação existente entre o MRP e o MRP II. Em seguida, apontamos os cinco objetivos básicos do JIT e alguns fatores críticos de sucesso desse sistema, assim como os três tipos de cartões kanban. Destacamos, ainda, a otimização dos processos com base na eliminação dos gargalos de produção tratados na teoria das restrições. Finalmente, organizamos as principais características positivas e negativas dos sistemas trabalhados neste capítulo.

Questões para revisão

1. Que fatores devem ser considerados para a escolha de um sistema produtivo? Justifique sua resposta.
2. Diferencie MRP e MRP II.
3. Com relação às principais características positivas e negativas do JIT, assinale V para as alternativas verdadeiras e F para as alternativas falsas:
   ( ) A simplicidade é uma característica positiva.
   ( ) A dependência maior dos fornecedores externos é uma característica negativa.
   ( ) O baixo nível dos estoques é uma característica negativa.
   ( ) A melhoria da qualidade é uma característica positiva.
4. Qual dos sistemas produtivos a seguir apresenta como característica positiva a capacidade de simulação da produção?
   a. MRP.
   b. TOC.
   c. JIT.
   d. MRP II.
5. O MRP II é composto por cinco módulos básicos. Qual das opções a seguir tem como função principal fornecer subsídios para a decisão dos planejadores com relação aos níveis agregados de estoques e de produção período a período, com base na carteira de pedidos ou nas previsões de demanda agregadas?
   a. Planejamento Mestre de Produção.
   b. Cálculo das Necessidades de Materiais.
   c. Planejamento de Produção.
   d. Controle de Fábrica.

Questões para reflexão

1. Em grande parte dos sistemas ERP, é oferecido um módulo de produção. É possível utilizar o sistema ERP de um fornecedor e o sistema de produção de outro fornecedor?

2. Qual é a relação dos sistemas de produção com a área de qualidade de uma organização? Qual seria a dificuldade para uma organização implantar um sistema de qualidade sem a existência de um sistema ERP ou sem o módulo de produção?

Segurança e controle em sistemas de informação

Hamilton Edson Lopes de Souza

Conteúdos do capítulo

- Conceitos.
- Análise de riscos e ameaças.
- Segurança da informação.
- Segurança física e ambiental.
- Plano de contingência.

Após o estudo deste capítulo, você será capaz de:

1. conceituar *segurança de sistemas de informação, análise de riscos* e *plano de contingência*;
2. identificar as principais ameaças existentes em segurança de sistemas de informação;
3. compreender as principais etapas na realização de uma análise de riscos;
4. identificar os principais aspectos inerentes a uma política de segurança da informação;
5. entender os principais aspectos considerados no desenvolvimento da segurança física, ambiental e lógica;
6. identificar os requisitos e as etapas que envolvem a elaboração de um plano de contingência.

Neste capítulo, abordaremos os principais conteúdos relacionados à segurança e ao controle das informações em uma empresa, bem como a importância da análise de riscos e as principais ameaças decorrentes do mapeamento desses riscos. Vamos explorar, ainda, os conceitos mais relevantes que estão relacionados à política de segurança e sugerir um roteiro de elaboração. Analisaremos também a segurança física e a segurança lógica, além dos aspectos relativos ao plano de contingência empresarial. Ressaltamos que todos os conceitos que apresentaremos estão fundamentados em nossas pesquisas e experiências acadêmicas, bem como no desempenho de atividades de auditoria em ambientes informatizados.

capítulo 9

9.1 Conceitos iniciais

O conhecimento pleno de uma organização, de sua estrutura organizacional e principalmente do fluxo de informações que nela transitam é de suma importância para o desenvolvimento de qualquer programa de prevenção, sobretudo quando o assunto envolve a segurança empresarial. Há uma crença de que os valores absorvidos na atividade de segurança constituem gastos, quando, na verdade, são investimentos que preservam a organização.

A segurança deve ser entendida como o conjunto de meios, processos e medidas que visam, efetivamente, à proteção empresarial. Na maioria das vezes, as organizações investem milhões em sistemas voltados para a produtividade, a qualidade do produto e a eficiência, mas um simples incêndio, uma sabotagem, a falta de treinamento e até mesmo o furto de informações confidenciais podem comprometer tudo isso.

A empresa Módulo Security* (especializada em segurança da informação) realizou diversas pesquisas na área e constatou que estudos realizados na Europa e nos EUA evidenciaram que, em média, a atividade operacional das empresas declina em 80% cerca de dez dias após a ocorrência de um desastre completo na rede. É fácil imaginarmos o que isso significa para a própria sobrevivência da empresa e como fica a sua continuidade operacional se considerarmos uma parada repentina de seus recursos de informática.

A falta de segurança pode trazer prejuízos tangíveis e intangíveis, e alguns podem comprometer o próprio negócio. Podemos citar alguns efeitos decorrentes da falta de segurança: perda de oportunidades de negócio, perda de produtividade, perda de mercado, atrasos na entrega de produtos ou serviços, desgaste da imagem, perda de credibilidade com os clientes, entre outros.

É importante que a empresa atente para algumas questões quando for decidir sobre a implantação de medidas de segurança:

- Quanto tempo a empresa sobreviverá sem os recursos de informática?
- Quais ameaças poderão afetar o negócio?
- O que deverá ser protegido?
- Quem será afetado se ocorrer um desastre?
- Quais serão as consequências para a empresa na ocasião de um desastre?
- Qual é a capacidade de recuperação da empresa, ou seja, em quanto tempo ela voltará a operacionalizar suas atividades e a que custo?
- Que recursos serão disponibilizados para a segurança da informação?

Ressaltamos que a segurança da informação objetiva assegurar a integridade, a confidencialidade, a autenticidade e a disponibilidade das informações processadas pela organização. Quando são estabelecidas medidas de proteção das informações, o propósito é exatamente a minimização dos riscos e das vulnerabilidades existentes no âmbito de organização.

* Para mais informações, consulte: <https://www.modulo.com.br>.

No Quadro 9.1, apresentamos o que cada elemento da segurança da informação busca exatamente assegurar.

Quadro 9.1 – Elementos da segurança da informação

Elementos	Abordagem
Integridade	Consiste na fidedignidade das informações, na conformidade dos dados armazenados com relação às inserções, alterações, processamentos autorizados efetuados e dos dados transmitidos. Parte-se da premissa de que manter a integridade das informações é a garantia de não violação (acidental ou intencional) dos dados.
Confidencialidade	Consiste em assegurar que somente pessoas autorizadas tenham acesso às informações armazenadas ou transmitidas por algum meio. Com a manutenção da confidencialidade, busca-se assegurar que as pessoas não tomem conhecimento de informações, de forma acidental ou intencional, sem que detenham autorização para esse procedimento.
Autenticidade	Consiste na garantia da veracidade da fonte de informações. Com a autenticidade, é possível identificar a pessoa ou entidade que presta as informações.
Disponibilidade	Consiste em assegurar que as informações estejam acessíveis às pessoas e aos processos autorizados em qualquer instante em que sejam solicitadas. A manutenção da disponibilidade de informações visa garantir a continuidade das transações e dos fluxos de informações sem interrupções.

Fonte: Adaptado de Beal, 2005, p. 34.

A preocupação em zelar pela segurança das informações se baseia na importância que elas têm para as empresas contemporâneas. Nos últimos anos, percebemos que elas se tornaram um ativo crítico e fundamental para as organizações, passando a ser consideradas como o principal recurso patrimonial. A perda ou a violação dessas informações por pessoas de má fé ou até o seu conhecimento por parte dos concorrentes podem significar prejuízos materiais e financeiros, comprometimento da imagem da empresa perante terceiros, insatisfação dos clientes não atendidos, quedas nas vendas ou mesmo a não sobrevivência da organização.

A segurança efetiva dos recursos computacionais de uma empresa é uma necessidade essencial, pois envolve não apenas instalações físicas e equipamentos, mas também interesses de usuários, executivos, acionistas, clientes e a comunidade como um todo. Portanto, a segurança é, antes de tudo, uma preocupação administrativa, e não técnica.

Assim, podemos afirmar que as funções básicas de segurança dos sistemas de informação devem estar alinhadas com os seguintes passos (ABNT, 2001):

- *dissuasão (desencorajamento à prática de irregularidades);*
- *prevenção (redução da ocorrência de riscos);*
- *detecção (sinalização da ocorrência de riscos);*
- *contenção (limitação dos impactos dos riscos);*
- *recuperação (alternativas para a continuidade operacional);*
- *restauração (correção dos danos causados pelos riscos).*

9.2 Análise do risco em segurança da informação

Em qualquer ambiente organizacional existem riscos de diversas naturezas. Em se tratando especificamente do contexto das informações, os riscos são decorrentes das vulnerabilidades comportamentais e operacionais. Podemos considerar vulnerabilidades as falhas ou fraquezas que, se forem exploradas, culminarão na perda ou no vazamento de alguma informação. Podem ser encontradas na maneira de as pessoas se comportarem, nos equipamentos, nos sistemas/softwares e em outros aspectos da infraestrutura da organização.

Sabemos que todo negócio oferece riscos e que está sempre suscetível a ameaças. Entretanto, nem sempre uma empresa tem o pleno conhecimento desses riscos, tampouco das ameaças a que está sujeita. Uma situação é correr um risco e saber sua dimensão, outra é correr um risco sem conhecê-lo.

Convém definirmos com exatidão o conceito de risco. Para Caruso e Steffen (2000), **risco** é tudo aquilo que pode afetar os negócios e impedir que os objetivos empresariais sejam alcançados. Um risco existe quando uma ameaça com potencial para causar algum dano apresenta um alto índice de probabilidade de ocorrência no contexto dos sistemas de informação e um baixo nível de proteção.

Em um processo de análise de riscos das informações, devem ser identificados os processos críticos de maior vulnerabilidade e as ameaças associadas a eles, os quais são minimizados à medida que são implementados controles e medidas de proteção adequadas a cada situação, reduzindo-se, assim, a probabilidade de ocorrência dos riscos. Portanto, é necessário um gerenciamento contínuo dos riscos da organização. O processo de análise pelo qual devem passar não se encerra com a implantação das medidas de segurança, mas exige o monitoramento constante das ameaças que afetam o negócio da empresa, bem como uma revisão periódica de sua verificação.

9.3 Principais ameaças

Por ocasião do mapeamento dos riscos existentes em sistemas de informação, os responsáveis por essa tarefa devem considerar as dimensões que podem ser afetadas (tais como humana, física e lógica), assim como as variáveis *probabilidade de ocorrência* e *gravidade das consequências*. Apresentamos a seguir, na Quadro 9.2, as principais ameaças que devem ser incluídas no mapeamento de riscos e na definição da política de segurança das informações.

Quadro 9.2 – Principais ameaças

Eventos	Ameaças
Integridade	• Ameaças físicas e ambientais (fogo, inundação, descargas atmosféricas, calor, poeira, falhas em equipamentos etc.). • Erros humanos. • Fraudes. • Erro de processamento e violação de sistemas. • Sabotagens físicas.
Disponibilidade	• Falhas em sistemas ou nos diversos ambientes computacionais. • Sabotagens lógicas.
Divulgação da informação	• Divulgação intencional de informações. • Divulgação não intencional de informações.
Alterações não autorizadas	• Alteração intencional. • Alteração não intencional.

Fonte: Adaptado de Módulo, 2015.

Quando uma avaliação dos riscos de um ambiente organizacional é desenvolvida, uma das primeiras ações da equipe designada para essa tarefa é a realização de uma análise de risco. Sugerimos aqui uma sequência de etapas que podem ser desenvolvidas:

- identificação das principais informações estratégicas, dos bens patrimoniais, das pessoas que compõem a força de trabalho e das atividades e processos a serem protegidos;
- identificação de todos os tipos de riscos que envolvem as informações, as pessoas, os bens patrimoniais, as atividades e os processos a serem protegidos;
- estimativa da probabilidade de ocorrência de cada tipo de ameaça (riscos) no período de um a dois anos, podendo ser considerado um tempo maior em função dos riscos inerentes ao ramo de atividade da organização;
- estimativa das consequências da ocorrência de cada tipo de ameaça, tanto os danos e prejuízos tangíveis como os intangíveis;
- cálculo estimativo da perda financeira anual para cada tipo de ameaça;
- cálculo estimativo da perda financeira anual total para todas as ameaças;
- pesquisa e seleção das medidas e/ou alternativas de solução de segurança necessárias;
- cálculo estimativo do custo de implementação e manutenção das medidas e/ou alternativas de solução de segurança necessárias;
- análise custo *versus* benefício (economia anual que poderá ser obtida com a implementação das medidas e/ou alternativas de solução de segurança).

Realizar uma avaliação de todas as ameaças é o ponto de partida para o desenvolvimento ou a mudança do plano ou das políticas de segurança da empresa. Para uma organização que não dispõe de nenhum plano ou política de segurança, essa é a grande oportunidade para ter uma visão estratégica de todos os riscos que ela corre. Caso contrário, esse é o momento de rever o que já existe e incluir as novas ameaças e riscos que surgiram após a elaboração do plano.

A etapa final da análise de riscos se caracteriza pela necessidade de geração ou revisão customizada do plano de segurança da organização. Segundo Caruso e Steffen (2000), qualquer plano de segurança deve atender às preocupações básicas com as medidas necessárias para evitar, impedir ou minimizar as ocorrências, conforme ilustra a Figura 9.1.

Figura 9.1 – Preocupações básicas

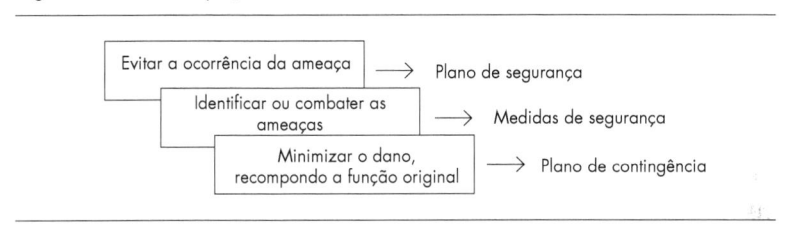

Evitar a ocorrência da ameaça	→ Plano de segurança
Identificar ou combater as ameaças	→ Medidas de segurança
Minimizar o dano, recompondo a função original	→ Plano de contingência

Fonte: Adaptado de Caruso; Steffen, 2000, p. 65.

9.4 Política de segurança da informação

A política ou plano de segurança da informação é um conjunto de princípios que norteiam a gestão de segurança da informação e que devem ser observados pelas pessoas que compõem a força de trabalho (corpo técnico, gerencial e demais usuários internos e externos). É a normatização dos procedimentos institucionais e das regras relacionadas com a segurança em um determinado ambiente, os quais devem ser descritos de forma sucinta e objetiva.

Também podemos considerar a política de segurança como um instrumento preventivo importante para proteger a organização contra as ameaças. Consideramos ameaça à segurança toda ocorrência que possa afetar um ou mais elementos fundamentais da segurança (confidencialidade, integridade, autenticidade e disponibilidade).

As diretrizes estabelecidas na política de segurança da informação são os referenciais a serem seguidos por todos na organização, de modo a assegurar a confiabilidade dos recursos computacionais. Também são definidos direitos e responsabilidades das pessoas envolvidas com o contexto computacional da organização e que manipulam as informações.

Por isso, é importante divulgar o do conteúdo do documento que contém essas políticas. Assim, tornam-se conhecidas não só atribuições designadas aos colaboradores em relação à segurança dos recursos computacionais com os quais trabalham, como também as penalidades às quais estão sujeitos aqueles que contrariam o que foi estabelecido.

Podemos afirmar que os principais atributos de um bom plano que contenha a política de segurança da informação da organização são, basicamente:

- estar alinhado com as estratégias da organização;
- buscar menos um enfoque técnico e mais um enfoque nos procedimentos e no aspecto comportamental, possibilitando mudanças de atitude;
- estar sintonizado com as pessoas que se envolvem no contexto computacional da organização, ou seja, conter procedimentos realistas que possam ser viabilizados na sua implantação;
- ser decorrente da sensibilização da alta direção da empresa, pois a falta de patrocínio desse nível praticamente inviabiliza qualquer proposta de política de segurança;
- ser divulgado sistematicamente para as pessoas envolvidas, apresentando organização e planejamento;
- ser monitorado constantemente e revisado periodicamente.

Antes de a empresa iniciar sua política de segurança da informação, necessita realizar uma análise de riscos para identificar:

- os recursos que devem ser protegidos pela política de segurança;
- as ameaças e consequências a que esses recursos estão sujeitos;
- as vulnerabilidades existentes na organização que podem facilitar a ocorrência dessas ameaças, a partir de uma análise de cada caso.

Outra pergunta que normalmente é feita quando tratamos da elaboração da política de segurança se refere a quem são os responsáveis por elaborá-la. Recomendamos inicialmente que a organização indique uma área ou pessoa que dê início ao processo de elaboração da política de segurança da informação. Se a empresa verificar que possui um corpo de profissionais habilitados para o desenvolvimento das políticas, esse responsável deverá montar e coordenar um grupo de trabalho, que incluirá a participação de pessoas das áreas críticas da organização. Em outra situação, é possível contratar uma consultoria que, juntamente com as pessoas das áreas mais críticas, desenvolverá todas as etapas do plano.

Para saber mais

ABNT – Associação Brasileira de Normas Técnicas. **NBR ISO/IEC 27001**: Requisitos. Rio de Janeiro, 2006.
_____. **NBR ISO/IEC 27002**: Código de prática. Rio de Janeiro, 2005.

Essas são normas que tratam de sistemas de gestão de segurança da informação. São documentos importantes para você que estuda ou atua na área.

Salientamos que, ao elaborar a política de segurança da informação, a empresa deve ter em mente que seu escopo não deve restringir-se somente às áreas de sistemas de informação e recursos computacionais, como às vezes acontece na prática. Deve, sim, contemplar de forma sistêmica a missão, a visão, as diretrizes organizacionais, as estratégias do negócio, os planos de ação e as respectivas metas institucionais.

A elaboração da política de segurança deve abranger os seguintes aspectos (Dias, 2000; Beal, 2005):

a. **Aspectos preliminares:**
- abrangência e escopo de atuação da política (identificação dos recursos críticos, classificação das informações críticas, ameaças e vulnerabilidades existentes na organização – inventário);
- definições fundamentais (sobre a terminologia a ser empregada e a estrutura de gestão adotada para administrar as questões de segurança da informação);
- normas e regulamentos aos quais a política estará subordinada;
- definição de pessoa com autoridade para sancionar, implementar e fiscalizar o cumprimento da política;
- meios que serão utilizados na divulgação do plano que conterá a política de segurança da informação;
- forma e periodicidade de revisão da política.

b. **Aspectos humanos da segurança:**
   - definições sobre a política de segurança pessoal adotada pela organização no que se refere aos processos de admissão, contratação e demissão, aos requisitos de segurança com prestadores de serviços, aos treinamentos em segurança pessoal, bem como às diretrizes de comportamento esperado em relação à utilização dos recursos computacionais disponíveis.

c. **Aspectos de segurança física:**
   - definições quanto à proteção dos recursos e instalações que contêm as informações críticas da organização e que estão sujeitos a violação, sabotagens, desastres, acidentes, danos, perdas de dados, acessos não autorizados ou interferências.

d. **Aspectos de segurança lógica:**
   - definições para assegurar a proteção direta das informações críticas da organização quanto à operação correta, ao armazenamento e ao acesso autorizado dessas informações (confidencialidade e integridade);
   - definições quanto à utilização de senhas (formação, troca e uso das senhas);
   - definições quanto à instalação e utilização de softwares;
   - definição de procedimentos para a utilização da internet (acessos a sites e utilização de e-mails que contribuem com o negócio da organização);
   - direitos e responsabilidades dos usuários, bem como penalidades.

e. **Aspectos de segurança das comunicações:**
   - definições para proteger os dados e as informações durante os processos de comunicação (transferência).

f. **Aspectos de tratamento das ocorrências:**
   - definições dos procedimentos a serem adotados em caso de identificação, notificação, investigação e tratamentos das ocorrências de segurança das informações.

g. **Aspectos de desenvolvimento, aquisição, implantação, operação e manutenção de sistemas:**
   - definições para a padronização de procedimentos e controles a serem utilizados nas diversas etapas de um sistema, com a criação de trilhas de auditoria e relatórios gerenciais que possam subsidiar o monitoramento dos sistemas mais críticos.
h. **Aspectos de proteção jurídica e econômica:**
   - definições de aspectos que podem exigir assessoramento e proteção jurídica;
   - definições de aspectos que exigem cobertura por seguros.
i. **Aspectos de contingência (continuidade):**
   - definições dos procedimentos a serem contemplados no plano de contingências, com recomendações para que a organização se previna quanto a possíveis paralisações das atividades que estão suportadas pelos sistemas de informação e quanto a falhas ou desastres.
j. **Aspectos de implementação, monitoramento e revisão:**
   - definições de como serão viabilizados a aplicação das políticas de segurança da informação (material, pessoas e financeiro) e o acompanhamento sistemático da implantação da política e dos procedimentos a serem adotados na revisão periódica (recomenda-se uma periodicidade anual).

9.5 Segurança física e ambiental

Ao mapear os riscos e elaborar uma política de segurança das informações, a organização deve dar atenção à segurança física e ambiental do contexto no qual estão inseridas as informações. Não adianta ter computadores com máxima segurança se as instalações e os equipamentos propiciam ameaças – as quais, muitas vezes, são decorrentes de fenômenos da natureza ou de atos humanos intencionais ou não contra esses recursos.

Assim, a busca pela segurança física e ambiental deve resultar na definição de medidas que propiciem prevenção, detecção e reação, de modo a resultar no que podemos chamar de *barreiras de segurança*. É importante salientarmos que os aspectos de segurança física e ambiental devem ser tratados com o mesmo cuidado que é destinado à segurança lógica.

Segundo a NBR ISO/IEC 17799 (ABNT, 2001, p. 17),

os recursos e instalações de processamento de informações críticas ou sensíveis dos negócios devem ser mantidos em áreas seguras, protegidos por um perímetro de segurança definido, com barreiras de segurança apropriadas e controle de acesso, [...] [bem como é conveniente] que estas áreas sejam fisicamente protegidas de acesso não autorizado, dano ou interferência.

De acordo com Toigo (1990), as principais ameaças quanto à segurança física e ambiental das informações são decorrentes de incêndios, falhas em instalações elétricas e de equipamentos, poeira, umidade, acesso indevido às instalações, roubo, furto, falta de energia ou água, sabotagem, vandalismo, greves, descargas atmosféricas, inundações, ventos, vibração, efeitos químicos, radiação eletromagnética, explosão, entre outras.

Na definição das medidas de proteção, controle, emergência e recuperação, é preciso considerar diversos aspectos de segurança física e ambiental, tais como localização, construção, controle de acesso, instalações elétricas e de telecomunicações, prevenção e combate a incêndio, condições ambientais, recursos humanos e padrões de trabalho.

Ressaltamos que o grau de rigidez na definição e avaliação dos riscos de segurança física e ambiental depende do porte e do ramo de atividade da empresa, da criticidade das informações e do tipo de ambiente computacional (rede de computadores ou mainframes).

No Quadro 9.3, especificamos os aspectos de segurança física e ambiental.

Quadro 9.3 – Aspectos a serem considerados na segurança física e ambiental

Aspectos	Pontos que podem ser observados
Localização	• Evitar proximidade de instalações sujeitas a explosão, agentes químicos e radiações eletromagnéticas; • Evitar recursos computacionais críticos instalados em subsolos, próximos a grandes aglomerações ou manifestações públicas, últimos andares e estacionamentos; • Buscar proximidade de locais com fornecimento de energia elétrica estável; • Dar preferência a instalações de propriedade da própria empresa.
Construção	• Em ambientes de computadores de grande porte, também considerar como necessárias a construção em alvenaria e concreto, a ausência de janelas e a utilização de materiais resistentes a fogo; • Evitar piso com revestimento de materiais que proporcionem eletricidade estática, tais como carpete e/ou PVC; • Prever dutos para a distribuição de cabos elétricos e de comunicação de dados; • Prever reserva técnica de espaço para futuras ampliações que se fizerem necessárias; • Evitar construir instalações em níveis onde possa haver alagamentos ou inundações; • Utilizar salas-cofre, quando for o caso, para armazenamento de informações críticas, com vistas a manter a continuidade das operações em caso de desastre.
Controle de acesso	• Controlar o acesso de pessoas não autorizadas às áreas de alta criticidade, tanto em horário de expediente quanto fora do horário; • Monitorar o acesso de pessoas no perímetro externo da organização; • Definir níveis de acesso, de acordo com o grau de risco, a recursos computacionais e informações; • Controlar a entrada e a saída de equipamentos e materiais relativos aos recursos computacionais; • Definir os sistemas de controle de acesso a serem utilizados (manual, semi e automático); • Monitoramento e alarme para tomada de ações de prevenção ou correção.

(continua)

(Quadro 9.3 – continuação)

Aspectos	Pontos que podem ser observados
Prevenção e combate a incêndio	• Utilizar sistemática de detecção e combate a incêndio (uso contínuo, intermitente e eventual); • Sinalizar os equipamentos e locais de proteção e combate a incêndio; • Utilizar materiais resistentes ao fogo, quando for o caso; • Realizar treinamento da força de trabalho na utilização dos equipamentos de proteção e combate a incêndio; • Criar brigada de incêndio, quando for o caso; • Estabelecer procedimentos de emergência; • Definir critérios para manutenção dos dispositivos de proteção e combate a incêndio.
Instalações elétricas e de telecomunicações	• Garantir a alimentação alternativa de energia elétrica para a continuidade das atividades computacionais (uso de geradores de emergência ou nobreaks); • Assegurar a estabilidade do fornecimento de energia elétrica pela concessionária local; • Evitar acondicionar cabos elétricos em dutos de cabos de transmissão de dados; • Utilizar tomadas e plugues apropriados para conexão dos equipamentos computacionais; • Garantir a exclusividade dos circuitos elétricos para atender aos equipamentos computacionais, evitando-se, assim, sobrecargas, quedas ou elevações de tensão elétrica; • Assegurar o aterramento de todos os equipamentos computacionais e partes metálicas existentes no ambiente, visando evitar a danificação dos equipamentos e possíveis choques elétricos nas pessoas; • Instalar para-raios; • Adequar o nível de iluminação dos ambientes computacionais às tarefas a que se destinam; • Procurar efetuar blindagem de equipamentos ou dispositivos que gerem radiações eletromagnéticas; • Realizar manutenção elétrica periodicamente; • Adequar as instalações elétricas e de telecomunicações conforme as normas vigentes no país.

(Quadro 9.3 – conclusão)

Aspectos	Pontos que podem ser observados
Condições ambientais	• Proporcionar ventilação e climatização adequadas para o funcionamento dos recursos computacionais; • Evitar o acúmulo de poeira e fumaça decorrente de cigarros; • Manter o nível de temperatura e umidade adequado para cada tipo de recurso computacional (computadores em rede do tipo servidor e estação de trabalho e computadores de grande porte); • Pintar paredes, teto e piso adequadamente, de acordo com a finalidade do ambiente; • Armazenar corretamente mídias de segurança (backups), tanto no interior quanto no exterior da organização; • Manter as condições de limpeza e conservação em dia.
Recursos humanos e padrões de trabalho	• Definir políticas de seleção, recrutamento e contratação de pessoas alinhadas com a política de segurança da informação; • Segregar funções da força de trabalho envolvida com recursos computacionais estratégicos; • Manter um plano de capacitação e desenvolvimento das pessoas que atenda aos aspectos da política de segurança da informação; • Monitorar as situações de risco quanto a férias, horas extras, doenças, greves, sobrecarga, estresse, ergonomia ou outra situação; • Definir um plano emergencial para situações de greve ou contingências, se for o caso; • Estabelecer acordos de confidencialidade e responsabilidades; • Estabelecer normativa de procedimentos quanto ao uso dos recursos computacionais e das informações.

Fonte: Adaptado de Souza et al., 1995, p. 113-190.

9.6 Segurança lógica

De acordo com Gil (1995), segurança lógica é um conjunto de métodos e procedimentos automáticos e manuais destinados à proteção dos recursos computacionais contra o seu uso indevido ou desautorizado. Compreende o controle de consultas, alterações, inserções e exclusões de dados, controle de uso de programas e outros recursos.

As principais ameaças quanto à segurança lógica se referem à possibilidade de acessos indevidos, erros intencionais ou não intencionais, perda de dados decorrentes de erros, falhas ou ação de programas clandestinos na rede, violação de sistemas com desvio de informações, fraudes e sabotagens ocasionadas por colaboradores insatisfeitos com a organização. Portanto, além dos aspectos relativos à segurança física e ambiental, devem ser considerados os aspectos de segurança lógica.

A melhor maneira de entender o problema da segurança lógica, de acordo com Beal (2005), é identificar as medidas de proteção mais adequadas a cada área, tais como segurança de redes, segurança de sistemas e segurança do usuário, as quais apresentamos a seguir:

a. **Segurança de redes** – O maior acesso às redes aumentou significativamente os riscos para a segurança das informações, não só na organização, como também na utilização remota de computadores de modo geral. Assim, à medida que as transações, via rede, se sofisticam, aumentam as vulnerabilidades que advêm de ameaças externas causadas por invasores criminosos que agem pela internet, por concorrentes que atuam como espiões ou por outras pessoas com intenção de obter vantagens, além de ameaças que surgem de funcionários insatisfeitos. A maioria das grandes ameaças contra a segurança das redes está no controle de acesso (identificação, autenticação e autorização) e no recebimento de programas clandestinos, conhecidos como *vírus* ou programas que têm a finalidade de rastrear dados do computador.

b. **Segurança de sistemas** – Pode exigir diversos tipos de controles, conforme os padrões de segurança existentes:
- entrada de dados – validação dos dados, verificações de duplicidade de registros, valores fora dos limites estabelecidos, caracteres inválidos, dados ausentes, incompletos ou excessivos, não autorizados ou inconsistentes;

- processamento dos dados – controle para minimizar os erros ou falhas de processamento, garantia da integridade dos dados, consistência e validação das datas e cálculos utilizados;
- saída dos dados – controle de qualidade dos dados de saída, períodos de arquivamento, critérios de destruição de relatórios impressos, controles sobre os impressos negociáveis, controle de acesso a relatórios de acordo com o nível de autorização de acesso e condições de remissão de relatórios confidenciais;
- armazenamento dos dados – critérios para criação de cópias de segurança (backups), locais destinados a armazenamento, meios utilizados para transporte de mídias, protocolos de remessa/recepção e testes periódicos das cópias de segurança;
- transmissão dos dados – controles para identificar modificações não autorizadas ou comprometimento do conteúdo das mensagens, confirmação de recebimento e retransmissão, controle de erros e do fluxo e controle na transmissão de informações sigilosas.

c. **Segurança do usuário** – A proteção do usuário exige, além das medidas de segurança física, medidas aplicadas às redes e aos sistemas e, principalmente, aquelas relacionadas ao aspecto comportamental. Sabemos que o usuário não atua de forma isolada, mas compartilha informações a todo instante, tanto interna quanto externamente. Medidas de proteção aplicáveis aos usuários incluem controles de segregação de acessos, controles de verificação contra programas clandestinos (vírus e spywares[*]), uso de programas de bloqueio e filtragem de acessos interno e externo, procedimentos de acesso e políticas de utilização de equipamentos portáteis.

---

[*] Vírus do tipo trojan (cavalo de Troia), cuja função é coletar informações pessoais de um usuário. Pode instalar-se em um computador ao ser enviado por e-mail ou pela utilização de disquetes infectados.

9.7 Controle de acesso lógico

Controles de acesso lógico são um conjunto de procedimentos e medidas que se destinam a proteger dados, programas e sistemas contra tentativas de acesso não autorizado (Souza et al., 1995). Podem ser visualizados de duas maneiras distintas: a partir do recurso computacional que se quer proteger e a partir do usuário a quem serão concedidos certo privilégio e acesso aos recursos. O principal objetivo do controle de acesso lógico é garantir que:

- somente usuários autorizados acessem os recursos computacionais da organização;
- os usuários tenham acesso aos recursos que sejam necessários na execução de suas atividades;
- os sistemas críticos sejam monitorados sistematicamente e restritos a poucas pessoas;
- seja vedada aos usuários a execução de transações incompatíveis com a sua função ou que estejam além de suas responsabilidades.

Controles de acesso não confiáveis reduzem a confiabilidade dos dados processados pelo sistema e aumentam os riscos de perda ou desvio indevido de informações estratégicas.

Normalmente, o acesso lógico dos usuários é identificado e autenticado durante um processo chamado de *login*, que tem a finalidade de conceder acesso aos dados e aplicativos do sistema. Esse procedimento envolve a entrada de uma identificação do usuário (ID) e uma senha (autenticação do usuário). Esse procedimento visa definir para o sistema quem é o usuário e se ele é realmente quem diz ser.

Uma sistemática de login eficiente é aquela que proporciona as seguintes condições:

- garante que o sistema só será acessado por pessoas autorizadas;
- somente libera informações do sistema após concluído todo o procedimento de identificação e autenticação;
- durante o procedimento de login, não fornece ajuda que possa levar pessoas não autorizadas a completar o acesso;

- somente finaliza o procedimento depois de validados todos os dados de entrada e, em caso de erro, não informa qual a natureza;
- limitação do número de tentativas de acesso sem sucesso (recomendamos um limite máximo de três tentativas).

Além do procedimento de autenticação de acesso lógico por meio de senhas, observamos como tendência o aumento da aplicação da biometria na autenticação do usuário, o que tem reduzido, de forma substancial, a ocorrência de fraudes. A biometria pode ser definida como "característica física única e mensurável de uma pessoa. Os indivíduos possuem algumas dessas características que podem ser unicamente identificadas" (Romagnoli, 2002). Algumas das aplicações de biometria são:

- a identificação por meio de scanner da íris;
- impressão digital;
- reconhecimento da voz;
- reconhecimento por meio de mapeamento facial;
- identificação da retina;
- geometria da mão;
- reconhecimento da assinatura.

A autenticação por meio da biometria exige que cada usuário configure as suas características físicas, biológicas e comportamentais no sistema, com o intuito de serem utilizadas na validação de sua identidade. Essa validação consiste na captura das características do usuário por meio de dispositivos sensores, que as comparam com o padrão biométrico armazenado no banco de dados do sistema.

9.8 Plano de contingência

Antes de apresentarmos os aspectos relativos ao plano de contingência, também denominado *plano de continuidade*, é interessante conceituarmos *contingência* e *desastre*. Conforme Toigo (2003), **contingência** é a incerteza de que uma coisa vai acontecer ou não. É, pois, qualquer fato possível, mas incerto; é qualquer fato eventual, casual, imprevisto ou fortuito. Por exemplo: cada vez que alguém contrata um seguro para o seu carro ou coloca o cinto de segurança, está tomando uma ação contra contingências. Já no que se refere a **desastre**, podemos defini-lo no plano de contingência não apenas como uma catástrofe ou calamidade (incêndio, inundação, guerra etc.) que cause grande dano ou prejuízo, mas também como qualquer outro evento que provoque a paralisação prolongada e prejudicial das atividades e operações essenciais de uma empresa. Um fato desse tipo no processamento das informações essenciais da organização pode, assim, constituir-se em um desastre (de pequena ou grande magnitude). Uma paralisação prolongada poderia ser causada, por exemplo, pelas seguintes situações:

- perda acidental de informações;
- perda de linhas de comunicação;
- perda de pessoas com posicionamento-chave na organização;
- perda de documentação de programas ou sistemas;
- indisponibilidade de peças ou equipamentos para reposição;
- greve.

Precisamos definir, agora, o que exatamente é um **plano de contingência** ou **plano de continuidade**: trata-se de conjunto de estratégias e procedimentos que devem ser adotados quando uma organização ou uma determinada área se depara com problemas que comprometem a continuidade normal das atividades inerentes ao negócio. O procedimento estabelecido em um plano de contingência deve minimizar os impactos causados pelas ocorrências de contingências e desastres não previstos até que a empresa retorne à normalidade.

O plano de contingência dos sistemas de informação da organização é um instrumento de medidas que combinam ações preventivas e, principalmente, corretivas de recuperação, visando dar continuidade às operações. Depois de elaborado, constitui um documento (manual) que deve servir de guia e atender às características e necessidades da organização, contendo descrição completa, detalhada e atualizada dos critérios, recursos alternativos, responsabilidades, atribuições, providências, ações e procedimentos a serem adotados no início, durante e depois de pequenas e grandes situações de emergência no ambiente computacional da organização.

Atualmente, considerando-se a alta dependência dos recursos computacionais, é inegável a necessidade de as empresas elaborarem planos de contingências adequados ao seu porte e ramo de atividade, bem como às ameaças, aos riscos e às vulnerabilidades que apresentam.

Para o sucesso de um plano de contingência, devemos buscar atender aos seguintes requisitos:

- identificar as principais ameaças que oferecem riscos aos sistemas aplicativos críticos, cujos resultados são imprescindíveis para a continuidade dos negócios da empresa, e os recursos necessários para o seu processamento;
- identificar os recursos alternativos e os procedimentos necessários para a continuidade da capacidade de processamento dos sistemas aplicativos críticos e, consequentemente, a disponibilidade das informações vitais da empresa numa situação de pequena ou grande emergência no ambiente computacional da organização, visando possibilitar a continuação dos serviços essenciais e a sobrevivência dos negócios e da própria organização;
- definir providências e ações a serem tomadas no início, durante e depois da situação de emergência (contingência/desastre);
- identificar nome, endereço, telefone e responsabilidades das entidades externas, departamentos e pessoas da empresa envolvidas direta ou indiretamente no plano de contingência;
- possibilitar a capacitação do pessoal para situações de emergência;
- reduzir dúvida, confusão, demora, danos, prejuízos e custos de recuperação numa situação de emergência;
- manter o atendimento aos clientes e evitar sanções legais numa situação emergencial;
- identificar meios de restauração da situação normal.

Recomendamos, para a elaboração de um plano de contingência, a análise dos seguintes aspectos, que são fatores críticos de sucesso:

- definição de quem elaborará o plano de contingência (a ser realizado por pessoas da própria organização ou por meio de contratação de consultorias);

- mapeamento dos possíveis riscos a que a organização esteja sujeita, incluindo sua probabilidade de ocorrência e possíveis impactos (dano *versus* tempo de recuperação);
- consequências que os riscos podem proporcionar em caso de interrupção das atividades críticas da organização;
- identificação e priorização dos recursos, sistemas e processos críticos;
- tempo estimado para recuperação da normalidade das atividades, considerando-se recursos, sistemas e processos;
- apresentação das alternativas que visam à recuperação de recursos, sistemas e processos, incluindo a estimativa de custos e benefícios de cada alternativa.

Para o desenvolvimento de um plano de contingência, com ou sem apoio de uma consultoria, sugerimos que se observem as seguintes etapas:

- **Etapa 1** – definição da equipe ou comissão que estabelecerá as responsabilidades e o escopo do trabalho a ser desenvolvido.
- **Etapa 2** – levantamento e análise dos principais riscos existentes ou prováveis da organização ou área objeto do plano. Nesta fase, devem ser levantados os recursos existentes, as áreas críticas, os riscos e as medidas de segurança, as prioridades e os recursos necessários.
- **Etapa 3** – definição dos tipos de contingências e desastres a que a organização está sujeita, além de consequências, prioridades, riscos alternativos a serem buscados e em que condições, áreas envolvidas; designação das equipes que atuarão por ocasião do desastre; identificação das entidades externas (bombeiro, defesa civil, socorro etc.); relação de nomes e dados cadastrais de cada envolvido no plano.
- **Etapa 4** – desenvolvimento do plano envolvendo a negociação de recursos alternativos e a definição de procedimentos relativos à reação inicial de emergência, à recuperação e à restauração das atividades; elaboração do plano de treinamento, testes e manutenção ou atualização; documentação do plano de contingência.
- **Etapa 5** – implementação do plano de contingência no que se refere à divulgação para membros da organização e à execução do plano de treinamento, testes, manutenção e atualização, além de acompanhamento para avaliar a efetividade do plano.

Síntese

Neste capítulo, tratamos da importância da segurança da informação nas organizações sob o ponto de vista estratégico, destacando as consequências e os prejuízos causados caso não seja dada a devida atenção a esse aspecto e, ainda, o que deve ser feito quando as medidas recomendadas forem tomadas. Abordamos também a necessidade de os riscos a que a organização está sujeita serem conhecidos, a importância de esses riscos serem periodicamente avaliados, a probabilidade de eles ocorrerem e a gravidade dos danos caso ocorram as ameaças identificadas. Comentamos que a percepção dos riscos dá suporte à elaboração de uma política de segurança consistente, a qual norteia as medidas que devem ser tomadas quanto à segurança física e à segurança lógica. Também ressaltamos a necessidade de serem considerados igualmente tanto os riscos físicos e ambientais quanto os lógicos (sistemas). Por fim, destacamos os aspectos que devem ser observados quando as medidas de proteção e controle não são suficientes – é o caso de desastres ou contingências, que exigem atenção na recuperação das informações e na continuidade das principais atividades da organização, as quais, se paralisadas, podem comprometer todo o negócio.

Questões para revisão

1. Ao refletirmos sobre a segurança da informação, quais questões devemos discutir no momento de tomar decisões quanto às medidas de segurança?
2. Quais são os principais objetivos da segurança da informação?
3. Com relação à tecnologia de biometria, assinale V para as alternativas verdadeiras e F para as alternativas falsas:
    ( ) O reconhecimento de voz é utilizado em sistemas de identificação.
    ( ) Não é possível fazer o reconhecimento de um usuário por meio de mapeamento da face.

( ) Os bancos utilizam tecnologia de reconhecimento das digitais em caixas automáticos.

( ) É possível, por meio da identificação da retina, autorizar ou barrar a entrada em uma sala de servidores.

4. "Consiste na fidedignidade das informações, na conformidade dos dados armazenados com relação às inserções, alterações, processamentos autorizados efetuados e dos dados transmitidos. Parte-se da premissa de que manter a integridade das informações é a garantia de não violação (acidental ou intencional) dos dados" (Beal, 2005, p. 34). A que elemento da segurança da informação corresponde esse conceito?

 a. Confidencialidade.
 b. Autenticidade.
 c. Disponibilidade.
 d. Integridade.

5. "Consiste em assegurar que as informações estejam acessíveis às pessoas e aos processos autorizados em qualquer instante em que sejam solicitadas. A manutenção da disponibilidade de informações visa garantir a continuidade das transações e dos fluxos de informações sem interrupções" (Beal, 2005, p. 34). A que elemento da segurança da informação corresponde esse conceito?

 a. Confidencialidade.
 b. Autenticidade.
 c. Disponibilidade.
 d. Integridade.

Questões para reflexão

1. Muitas vezes uma empresa dispõe de um plano de contingência, porém nunca realizou testes e simulações "reais". Quais são os riscos assumidos por uma empresa que comete essa falha?

2. A confidencialidade no uso das informações empresariais é um fator crítico e de difícil gerenciamento. Como uma empresa pode minimizar ou evitar problemas com a força de trabalho, os fornecedores e os parceiros?

Tópicos avançados em sistemas de informação

Conteúdos do capítulo

- A evolução dos sistemas de informação (SIs).
- Conceitos e definições.
- Sistemas de gerenciamento do relacionamento com clientes (CRM).
- Sistemas de frontoffice.
- A cadeia de fornecimento/suprimentos.
- Inteligência nos negócios (BI).
- Gestão eletrônica de documentos.

Após o estudo deste capítulo, você será capaz de:

1. perceber a diferença filosófica e tecnológica de um CRM;
2. compreender os principais tipos de CRM;
3. entender a importância dos sistemas de frontoffice;
4. entender a evolução dos sistemas de Supply Chain Management (SCM);
5. compreender as tecnologias associadas aos sistemas de BI;
6. identificar as principais tecnologias de gestão eletrônica de documentos (GED).

Neste capítulo, vamos tratar das principais utilizações que têm sido introduzidas no mercado de sistemas de informação – SIs. Alguns dos conceitos que serão apresentados já estão em pleno funcionamento em grandes organizações, enquanto outros se encontram em fase de iniciação, o que demanda certo tempo de maturação para que se tornem usuais nas empresas. O estudo deste capítulo capacitará o leitor a identificar a aplicação mais adequada para diversas necessidades empresariais, as quais podem ser atendidas com a implantação de um SI.

capítulo 10

10.1 Conceitos iniciais

A velocidade com que evoluem as tecnologias de SIs obriga as empresas a manter suas equipes de tecnologia da informação (TI) constantemente atualizadas e capacitadas. Somos apresentados diariamente a soluções tecnológicas das mais diversas; os fornecedores de produtos de SI estão cada vez mais arrojados e criativos. No entanto, muitas soluções existentes no mercado com frequência não passam de puro modismo. O grande desafio é diferenciar, antes da concorrência, o que é modismo do que realmente pode agregar valor para a empresa.

Essa situação desponta como o grande desafio dos profissionais de TI no século XXI. Quando o conceito de sistemas ERP – Enterprise Resource Planning surgiu no mercado, uma verdadeira revolução aconteceu em grande parte das organizações em todo o mundo. Muitos afirmavam que o ERP não se tornaria um diferencial competitivo. Alguns

CIOs*, porém, entenderam o contrário e tiveram êxito em suas iniciativas. É bem verdade que muitos deles foram ousados, apostaram alto no novo produto e poderiam ter perdido tudo; mas, nesse caso, os sistemas ERP eram, de fato, uma tecnologia que resultava em benefícios para a empresa.

Todavia, outros exemplos nem sempre culminam em uma conclusão satisfatória. Desse modo, empresas que buscam destacar-se como inovadoras em seus segmentos devem ter a consciência de que o mercado pode esconder perigosas armadilhas.

A partir do próximo tópico, discutiremos novas tecnologias de SIs. Muitas delas já foram aprovadas pelos mais renomados CIOs do mundo todo, outras figuram no mercado como promessas atraentes e desafiadoras. Analise-as e tome a sua decisão.

10.2 Customer Relationship Management – CRM

O final do século XX ficou marcado pelo foco na redução de custos e pela reengenharia de processos. Com isso, o cliente ficava quase sempre em um segundo plano. O CRM, ou gerenciamento do relacionamento com o cliente, pode ser considerado uma arquitetura que combina processos de negócios e tecnologias e que tem como objetivos principais entender os clientes, identificar quem são eles, o que fazem e do que gostam (Batista, 2004).

CRM é o mesmo que marketing one to one (marketing 1 to 1), também conhecido como *marketing de relacionamento* (Peppers & Rogers Group, 2000).

Segundo o Gartner Group**, o CRM pode ser definido como "uma estratégia de negócio voltada ao entendimento e à antecipação das necessidades dos clientes atuais e potenciais de uma empresa" (Peppers & Rogers Group, 2000, p. 35).

---

*   Sigla de *Chief Information Officer*, executivo responsável pela área de informações de uma empresa.

**   Consultoria americana especializada em pesquisas sobre as tendências da utilização das tecnologias de informação. Constantemente divulga as tendências do mercado de TI em revistas especializadas, e suas pesquisas são consideradas referência nesse segmento.

Muitos estudiosos entendem o CRM como uma filosofia empresarial; isto é, para que a organização realmente o utilize em suas estratégias empresariais, primeiramente precisa focar suas iniciativas com uma orientação para o cliente. A partir daí, as tecnologias e os sistemas de informação podem ser úteis para consolidar uma iniciativa de CRM.

Por outro lado, o mercado de fornecedores de soluções de TI oferece inúmeras opções de pacotes de software, prometendo muitas vezes que, com sua simples implantação, a empresa já estará, de fato, utilizando um CRM.

Para o Gartner Group, citado por Peppers & Rogers Group (2000, p. 59), o CRM também pode ser definido sob o aspecto tecnológico:

> Do ponto de vista tecnológico, CRM envolve capturar os dados do cliente ao longo de toda a empresa, consolidar todos os dados capturados interna e externamente em um banco de dados central, analisar os dados consolidados, distribuir os resultados dessa análise aos vários pontos de contato com o cliente e usar essa informação ao interagir com o cliente através de qualquer ponto de contato com a empresa.

De acordo com Rodrigues (2004, p. 202), o CRM pode ser conceituado como

> um processo focado no desenvolvimento e na manutenção das relações customizadas com os clientes, com base em dados primários, operacionalizado através de ferramentas estatísticas aplicadas a processos decisórios, técnicas de comunicação interativa e novas tecnologias, com o objetivo de atender ou se antecipar às necessidades daqueles.

Um CRM, portanto, não é simplesmente um software ou uma tecnologia de sistemas de informação. Também não se trata somente de customizar produtos ou gerenciar e estreitar relacionamentos. Podemos entender o CRM, assim, como um mix composto por: orientação ao cliente, marketing de relações, tecnologia da informação e softwares especializados (Rodrigues, 2004, p. 202)

Conforme abordamos na Seção 5.4 – "Histórico e evolução dos sistemas ERP", as empresas conduzem atividades de backoffice e de frontoffice. As primeiras são exemplarmente contempladas com a utilização dos sistemas ERP, enquanto as atividades de frontoffice, ou seja, as atividades que necessariamente terão contato com entidades externas à empresa, requerem aplicações específicas. É justamente às necessidades externas referentes aos clientes que o CRM atende.

O CRM é uma estratégia adotada pela organização, por meio da qual ela busca atingir plena satisfação das demandas que partem do cliente. Ele pode ser comparado com o marketing de massa, conforme podemos visualizar na Figura 10.1.

Figura 10.1 – Comparação entre CRM e marketing de massa

Fonte: Peppers & Rogers Group, 2004, p. 33.

Analisando a Figura 10.1, podemos constatar que o número de clientes atingidos pelo uso do marketing de massa é bem superior à quantidade alcançada no caso da utilização do CRM. Por outro lado, o índice de satisfação das necessidades dos clientes, quando empregamos o CRM, é bem superior ao observado no marketing de massa. Logo, a fidelização de clientes é um grande benefício advindo das iniciativas de CRM.

Existem basicamente cinco fases para a implementação desse sistema:

1. **Identificação dos clientes** – Primeiramente, a empresa necessita identificar quem são os seus clientes. Sem essa informação, não é possível estabelecer uma relação com os clientes nem planejar iniciativas para fidelização ou até mesmo campanhas de marketing one to one. Como terá diversos dados de seus clientes, é importante que a organização mantenha uma política de privacidade.

2. **Diferenciação de clientes** – De posse da lista de clientes, é fundamental diferenciar os vários tipos existentes – os clientes de maior valor (CMV), os clientes de maior potencial (CMP) e os Below Zero (BZ), ou seja, os clientes que não trazem lucro para a empresa.
3. **Interação com clientes** – Após a fase de diferenciação, é chegado o momento de interagir com os clientes. Como na fase anterior foi realizada uma diferenciação, é importante que a interação também seja diferenciada e possibilite à empresa a coleta de grande quantidade de informações sobre cada cliente, pois elas serão utilizadas na fase de personalização.
4. **Personalização** – Na etapa de personalização, a empresa pode oferecer produtos específicos e personalizados aos seus clientes, buscando, assim, manter sua fidelidade, inclusive a fim de alcançar sua satisfação em alto grau, superando suas expectativas com a oferta de um novo produto ou outro benefício qualquer.
5. **Relação contínua de aprendizado** – Por fim, ainda há a necessidade de manter essa relação sempre atualizada, ou seja, o processo de identificação, diferenciação, interação e personalização deve tornar-se um ciclo contínuo. É fundamental ouvir o cliente, tratar de forma sistematizada suas reclamações e/ou sugestões e retroalimentar o processo. Com as mudanças constantes no mercado, clientes CMP podem vir a se tornar clientes CVM e, por essa razão, devem receber também atendimento diferenciado.

Os sistemas CRM podem ser classificados em três tipos: operacional, analítico e colaborativo. Apresentamos a seguir cada um deles:

- **CRM operacional** – Refere-se ao momento da interação com o cliente e à coleta de dados e informações sobre ele. Podemos encontrar canais tradicionais, como o balcão da empresa ou vendedores externos, e canais mais modernos, como websites. Normalmente, iniciativas de CRM são criadas a partir de um CRM operacional. Alguns exemplos desse tipo de sistema são os call centers, as centrais de venda e pós-venda e a própria internet.

- **CRM analítico** – Para que uma empresa possa analisar o comportamento de seus clientes, é necessário capturar dados por meio de um CRM operacional. Após esse processo, então, entra em ação o CRM analítico, que consiste na utilização de ferramentas de análise e suporte à decisão, baseadas em tecnologias de banco de dados e data warehouse*. A principal função de um CRM analítico é analisar os dados dos clientes, gerar previsões com antecedência e orientar os tomadores de decisões a se anteciparem às novas necessidades dos clientes. De acordo com o Peppers & Rogers Group (2004), o CRM analítico é a fonte de toda a inteligência do processo, utilizado também para o ajuste das estratégias de diferenciação de clientes e para o acompanhamento de seus hábitos, com o objetivo de identificar suas necessidades e os eventos que podem ocorrer na vida de cada um deles.
- **CRM colaborativo** – Após a implementação do CRM operacional e do CRM analítico, é o momento de compartilhar toda a informação dos clientes da empresa. É por meio da utilização do CRM colaborativo que ela tem a possibilidade de atingir todos os benefícios do uso do conceito de CRM. Após sua implantação, todos os pontos de contato com os clientes terão as principais informações sobre cada um, permitindo, assim, uma interação efetiva e personalizada com eles.

Devemos salientar que a organização pode utilizar apenas um tipo de CRM. No entanto, nesse caso, o trabalho de orientação ao cliente será prejudicado, pois não atende a todas as suas expectativas. Normalmente, as empresas iniciam suas atividades de CRM com um modelo operacional e, posteriormente, implementam o analítico e o colaborativo.

Ao pôr em prática os três tipos de CRM, a empresa se vale da utilização de muitas tecnologias de informação. Nesse aspecto, esse sistema atinge seu maior grau de tecnologia agregada.

---

* Tecnologia de armazenamento de dados utilizada para análise de cenários e tendências.

O CRM oferece várias vantagens para as empresas, entre as quais podemos destacar:

- fidelização de clientes;
- maior valor agregado ao produto;
- aumento da satisfação do cliente;
- melhoria na imagem da empresa;
- diminuição na perda de clientes.

Podemos constatar, ao estudar o CRM, que seu conceito é bastante amplo, pois envolve estratégia e tecnologia. Além disso, deve haver um comprometimento muito grande das pessoas que participarão do processo de implantação de iniciativas de CRM. Desse modo, cabe aos gestores definir a melhor estratégia a ser adotada pela empresa, para que não haja fracasso e consequente desperdício de dinheiro.

Três elementos são fundamentais para garantir as mudanças culturais e alcançar os objetivos propostos por iniciativas de CRM (Pepper & Rogers Group, 2004):

- **educação** – garantir a todos o entendimento comum sobre o conceito que está por trás do CRM;
- **comunicação** – utilizar estratégias corretas de comunicação, estimulando a iniciativa;
- **mudança de atitude** – mostrar na prática para os colaboradores da empresa quais são os problemas que ela vive hoje e como ela será no futuro.

10.3 Supply Chain Management – SCM

O SCM, ou gerenciamento da cadeia de suprimento, é considerado a evolução dos sistemas MRP e MRP II. A Figura 10.2 apresenta uma representação gráfica da evolução dos sistemas SCM.

Figura 10.2 – Evolução dos sistemas SCM

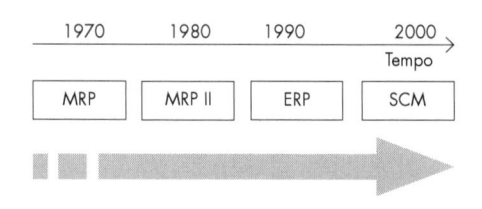

```
        1970      1980      1990      2000
                                              ─────►
                                       Tempo
        ┌─────┐  ┌──────┐  ┌─────┐  ┌─────┐
        │ MRP │  │MRP II│  │ ERP │  │ SCM │
        └─────┘  └──────┘  └─────┘  └─────┘
        ■■■ ═══════════════════════════►
```

Fonte: Caiçara Junior, 2006e.

A aplicação principal do SCM consiste em planejar, fornecer, fabricar e entregar produtos de modo econômico e integrado.

Antes de discorrermos sobre o tema, vamos definir o conceito de **cadeia de suprimentos**. Para Turban, McLean e Wetherbe (2004, p. 215), "uma cadeia de suprimentos é o fluxo de materiais, informações, pagamentos e serviços, partindo pelos fornecedores de matérias-primas, passando pelos setores de produção e de armazenamento das empresas e chegando aos consumidores finais". Portanto, a abrangência de um sistema de SCM deve suportar todas essas atividades.

Uma cadeia de suprimentos envolve, de acordo com o autor, três partes:

1. cadeia de suprimentos **upstream** – pode abranger fornecedores de primeiro e segundo nível;
2. cadeia de suprimentos **interna** – envolve desde a chegada da matéria-prima até a distribuição do produto acabado;
3. cadeia de suprimentos **downstream** – envolve todos os processos relacionados à entrega do produto ao consumidor final.

Podemos, então, definir o SCM como a gestão total das funções presentes em um processo logístico: parte do planejamento, envolve a aquisição das matérias-primas dos fornecedores e as transformações desses materiais em produtos semiprontos ou prontos e encerra-se com a distribuição desses produtos para os clientes finais. Podemos visualizar na Figura 10.3 a representação do processo de SCM.

Figura 10.3 – Representação do processo de SCM

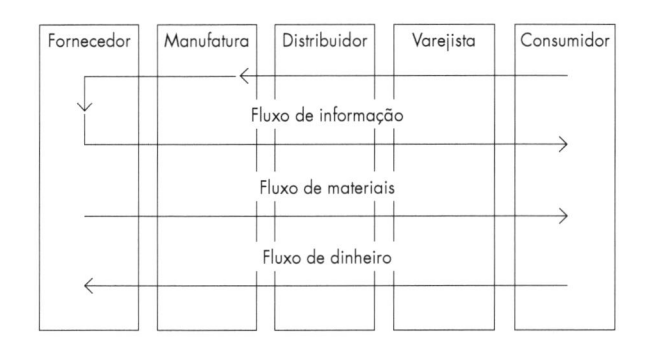

| Fornecedor | Manufatura | Distribuidor | Varejista | Consumidor |

Fluxo de informação →

Fluxo de materiais →

Fluxo de dinheiro ←

Fonte: Caiçara Junior, 2006c.

Analisando a Figura 10.3, podemos perceber que o fluxo de informações inicia-se e termina no consumidor final. Já o fluxo de materiais tem início com o fornecedor e acaba no consumidor final; por fim, o fluxo de dinheiro inicia-se no consumidor final e termina no fornecedor da matéria-prima.

O objetivo principal do SCM é fornecer um único ponto de acesso a informações para os planejadores de vendas, compras, produção, distribuição e transportes, possibilitando que diversos departamentos utilizem os mesmos dados. As principais funções de um sistema SCM são, conforme Turban, Rainer Junior e Potter, 2003:

- administração de ordens e de estoque;
- planejamento de demandas e desenvolvimento de previsões;
- operações de centrais de distribuição;
- gerenciamento de transportes.

10.4 Business Intelligence – BI

O BI pode ser traduzido literalmente como "inteligência nos negócios". A finalidade da utilização de ferramentas de BI é bastante antiga. A ideia é que o tomador de decisão tenha em mãos, no momento que desejar, todas as informações relevantes para suportar o processo de decisão.

Os sistemas ERP também buscam esse objetivo; porém, sua base de dados, mesmo atualizada e íntegra, nem sempre oferece todas as informações necessárias. Isso ocorre porque muitas informações não estão contidas na base de dados do ERP, mas se encontram em outros sistemas internos ou externos ou, ainda, em planilhas eletrônicas ou caixas de e-mails. O propósito central do uso do BI consiste em transformar grandes quantidades de dados, independentemente de sua origem, em informações de qualidade e em tempo hábil para suportar as decisões estratégicas.

A principal característica que um produto de BI deve apresentar é a facilidade de uso, haja vista que os principais beneficiários da informação gerada por esse tipo de sistema são gestores não técnicos que nem sempre possuem conhecimentos avançados em SIs.

A utilização de produtos de BI é recente por parte da maioria das empresas. Assim, destacamos alguns cuidados que devem ser tomados quando da utilização dessa tecnologia (Rosini; Palmisano, 2003):

- necessidade de mudança e/ou adaptação da cultura da organização;
- necessidade de apoio, incentivo e cobrança do alto escalão da organização;
- necessidade de as pessoas estarem capacitadas tecnicamente (mediante treinamentos), não só quanto ao uso da ferramenta tecnológica, mas quanto à sua própria formação individual e profissional.

Diferentemente do CRM, o conceito de BI é fundamentado fortemente em diversas tecnologias. Destacamos, nos próximos itens, as principais tecnologias associadas a seu uso.

Para saber mais

BARBIERI, C. **BI – Business Intelligence**: modelagem e tecnologia. Rio de Janeiro: Axcel Books, 2001.

Os sistemas que buscam inteligência nos negócios têm lugar de destaque nas iniciativas de TI das organizações mais inovadoras. Os sistemas de BI estão entre os principais investimentos nos orçamentos de gestores de informações e CIOs.

10.4.1 Data warehouse

Data warehouse são grandes armazéns de dados alimentados com dados transacionais oriundos dos diversos bancos de dados da empresa, inclusive dos sistemas ERP. O data warehouse apresenta, porém, uma característica principal que o diferencia do conceito de banco de dados – a não volatilidade, ou seja, o fato de não alterar seu conteúdo com grande periodicidade. Pode armazenar em torno de terabytes e, assim, é considerado um arquivo de dados históricos das transações de uma empresa, que servem de base para futuras análises de tendências ao longo do tempo. Quanto mais dados um data warehouse tiver, maior a quantidade de informação valiosa que poderá ser encontrada nele.

Quando os dados transacionais são alimentados no data warehouse, eles são indexados através de metadados, os quais constituem informações vitais para que seja possível saber que dados existem dentro de um data warehouse.

Outro conceito relacionado a data warehouse é o de data mart, que pode ser considerado um data warehouse departamental, isto é, em um data mart só são armazenados dados de um departamento da empresa, como no caso de um data mart de vendas. Apresenta, assim, as mesmas características de um data warehouse; porém, seu tamanho é inferior.

Tanto a utilização de um data warehouse como a de um data mart trazem vantagens e desvantagens. Em um data warehouse, por exemplo, existem informações de toda a organização, portanto de todos os departamentos e de suas possíveis inter-relações; logo, as informações geradas a partir de um data warehouse podem ser bem mais valiosas e ricas do que as de um data mart. Por sua vez, um data mart, por ser menor e exigir menos recursos tecnológicos e financeiros para sua implementação, pode ser uma ferramenta mais ágil e mais econômica. A Figura 10.4, apresentada a seguir, ajuda-nos a compreender as principais diferenças entre esses dois conceitos.

Figura 10.4 – Data warehouse e data mart

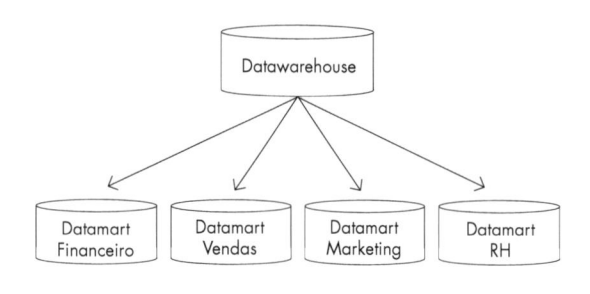

```
                    Datawarehouse
         ┌──────┬──────┴──────┬──────┐
         ↓      ↓             ↓      ↓
      Datamart Datamart   Datamart Datamart
      Financeiro Vendas   Marketing   RH
```

Fonte: Caiçara Junior, 2006a.

Um data warehouse tem a finalidade específica de armazenamento de dados e, a fim de que estes possam se tornar informações valiosas e diferenciadas para uma empresa, são necessárias ferramentas de extração, tais como o data mining e as ferramentas OLAP, que serão nosso próximo tópico de estudo.

Uma arquitetura de data warehouse apresenta normalmente seis componentes básicos, sendo que "uma arquitetura de dados proporciona esta estrutura identificando e entendendo como os dados serão movidos ao longo do sistema e utilizados pela empresa" (Singh, 2001, p. 25). São eles:

- acessar;
- transformar;
- distribuir;
- armazenar;
- localizar;
- apresentar e analisar.

A Figura 10.5 demonstra como as diversas tecnologias se inter-relacionam.

Figura 10.5 – Data warehouse e outras tecnologias

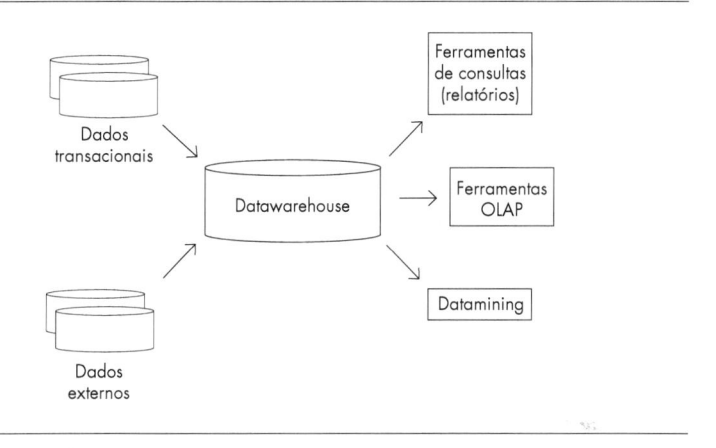

```
    Dados
transacionais  ──┐        ┌─ Ferramentas de consultas (relatórios)
                 ↓        ↑
              Datawarehouse  →  Ferramentas OLAP
                 ↑        ↓
    Dados           Datamining
    externos
```

Fonte: Caiçara Junior, 2006a.

10.4.2 Data mining

Data mining, ou *mineração de dados*, pode ser definido como o processo de extração de informações desconhecidas de um data warehouse ou de um data mart. *Data mining* significa "descobrir fatos novos". Alguns deles, aparentemente irrelevantes em princípio, quando examinados em um contexto mais amplo, aliados à inteligência humana e a tecnologias de suporte, revelam conhecimentos de profunda importância para a empresa (Singh, 2001).

Devemos salientar que as respostas fornecidas por um software de data mining nem sempre são úteis, cabendo ao usuário filtrá-las e até investigá-las para descobrir se têm relevância para a empresa. O exemplo mais clássico de utilização dessa ferramenta refere-se ao caso das vendas de fraldas e cervejas. Em uma grande rede de supermercados norte-americana, identificou-se que a venda de fraldas descartáveis crescia na mesma proporção da venda de cervejas. Com base na análise do data warehouse dessa empresa, a aplicação de data mining identificou tal ocorrência. Um gerente intrigado com essa informação realizou um estudo sobre o comportamento dos consumidores e constatou que tal evento ocorria nos fins de semana e que o perfil do comprador eram pessoas entre 24 e 35 anos que tinham filhos recém-nascidos. Aos finais de semana, os casais percebiam a falta das fraldas descartáveis, os maridos dirigiam-se ao supermercado e aproveitavam para comprar cervejas, outro item cuja falta normalmente era sentida apenas nesse período. Como consequência dessa constatação, atualmente o layout dessa mesma rede de supermercados contempla a gôndola de fraldas descartáveis próxima ao freezer de cervejas.

Um data mining emprega tecnologias baseadas em inteligência artificial (IA), com o objetivo de analisar imensos volumes de dados armazenados em um data warehouse ou em um data mart, para realizar pesquisas sobre tendências e padrões difíceis de serem percebidas por gerentes ou analistas. Assim, finalmente, podemos definir *data mining* como a extração automática de dados sobre padrões, tendências, associações, mudanças e anomalias previamente não identificadas (Rosini; Palmisano, 2003).

10.4.3 OLAP

OLAP é a sigla de *On-Line Analytical Processing*, ou simplesmente *processamento analítico on-line*. É uma tecnologia ou ferramenta que permite ao usuário extrair informações de um data warehouse ou data mart de forma customizada, simples e interativa. Desse modo, diferentemente do data mining, que não possibilita a interação do usuário na busca por informações úteis, as ferramentas OLAP se tornam um grande aliado dos tomadores de decisão. *OLAP* é um termo relativamente novo no mercado de software e frequentemente é confundido com suporte à decisão. Seus requisitos de análise englobam estatísticas e simulações (Singh, 2001).

As principais características das ferramentas OLAP são a grande capacidade de responder rapidamente às solicitações dos usuários e a facilidade de trabalhar com um grande volume de dados, além da interatividade que oferecem.

Acrescentamos que a análise dos dados é feita de forma multidimensional. Quando utilizamos o recurso de banco de dados, deparamo-nos com sua limitação, decorrente do fato de ele trabalhar de forma dimensional, por meio da busca de informações nas linhas e nas colunas de uma tabela.

Logo, uma aplicação multidimensional tende a retornar ao tomador de decisão informações muito mais complexas e valiosas.

Por meio das ferramentas OLAP, podemos testar inúmeras hipóteses e cenários, bem como identificar oportunidades de novos negócios. As análises realizadas por essas ferramentas são definidas em formato de cubos, como é possível visualizar na Figura 10.6.

Figura 10.6 – Cubo multidimensional OLAP

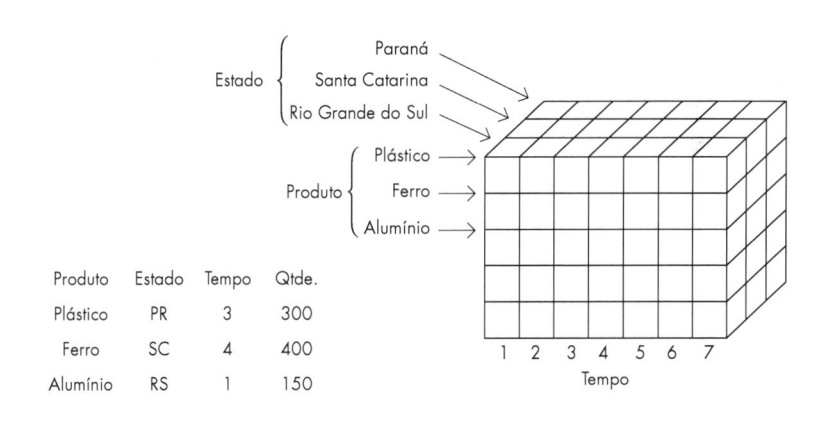

Produto	Estado	Tempo	Qtde.
Plástico	PR	3	300
Ferro	SC	4	400
Alumínio	RS	1	150

Fonte: Caiçara Junior, 2006b.

É relevante, ainda, salientarmos que, segundo Singh (2001), existem duas variantes das ferramentas OLAP, as quais se referem à forma como os dados são armazenados e manipulados. São elas: Molap – Multidimensional OLAP e Rolap – Relational OLAP.

10.5 Gestão eletrônica de documentos – GED

O GED é atualmente uma das tecnologias com maior potencial de utilização. Diversas empresas o apontam como um recurso capaz de gerenciar as informações de forma plena e eficaz. Propicia a digitalização de informações em formato de papel ou documentos, chegando até o gerenciamento de vídeos, imagens e sons. A digitalização consiste na captura de informações (textos e imagens) contidas em documentos por meio de scanners.

Em seguida, são atribuídos índices de pesquisa e de armazenamento no software de gerenciamento eletrônico de documentos. Essa atribuição é denominada *indexação*. Além disso, muitos documentos têm sua origem já em mídia eletrônica, como textos e documentos em Word® ou planilhas eletrônicas em Excel®.

Antes da introdução do conceito de GED, os bancos utilizavam a tecnologia do microfilme para armazenar eletronicamente (na verdade, magneticamente) seus diversos documentos (faturas, cheques, boletos bancários etc.). Muitos bancos empregam até hoje essa tecnologia, principalmente em virtude da alta resistência ao tempo da mídia microfilme.

O GED pode ser entendido como um processo que consiste em etapas bem definidas; em cada uma delas, podem ser utilizadas diversas tecnologias associadas. As seguintes etapas compõem o conceito de GED como processo:

- captura;
- armazenamento;
- gerenciamento;
- distribuição;
- preservação.

Inúmeros são os problemas encontrados quando uma empresa não utiliza as tecnologias de GED, a saber:

- duplicação de documentos;
- versões desatualizadas;
- custos elevados de reprodução;
- custos elevados de armazenamento;
- extravio constante de documentos;
- falta de controle na segurança de acesso a documentos.

Inúmeras vantagens advêm do uso do GED e permitem às empresas medir se o retorno sobre o investimento é justificável ou não. Entre as vantagens apontadas pelo Cenadem (2015), destacamos as que seguem:

- Redução de custos com cópias, já que há disponibilização dos documentos em rede.
- Absoluto controle no processo de negócio.
- Alta velocidade e precisão na localização de documentos.

[...]
- Disponibilização instantânea de documentos sem limites físicos.

[...]
- Gerenciamento automatizado de processos, minimizando recursos humanos e aumentando a produtividade.
- Grande melhoria no processo de tomada de decisões.
- Aproveitamento de espaço físico.
- Ilimitadas possibilidades para indexação e localização de documentos.
- Evitar extravio ou falsificação de documentos.
- Integração com outros sistemas e tecnologias.

[...]
- Mais agilidade nas transações entre empresas.

[...]
- Possibilidade da empresa virtual sem limites físicos, com redução de despesas e permitindo que funcionários trabalhem a partir de casa.

[...]
- Tecnologia viabilizadora de outras como ERP e CRM.

O GED é composto por diversas tecnologias capazes de trabalhar com documentos digitais, as quais podem ser baseadas em hardware ou em software. Muitas vezes, algumas soluções integram essas tecnologias e ainda as associam aos conceitos de banco de dados (armazenamento) e redes (compartilhamento). Descreveremos, a seguir, as tecnologias mais importantes associadas ao GED que estão disponíveis no mercado.

10.5.1 Document Imaging – DI

O Document Imaging – DI, ou gerenciamento de imagens de documentos, foi a primeira tecnologia de GED que surgiu no mercado e enfatiza basicamente a digitalização de documentos com origem em papel, apesar de possibilitar a digitalização de documentos cuja mídia de origem é o microfilme.

Esse tipo de aplicação traz diversas vantagens, desde a agilização dos processos de consulta e/ou processamento até a sua distribuição. Para viabilizá-lo, são utilizados scanners, que convertem uma imagem analógica em uma imagem digital. O DI também contribui para que a empresa consiga diminuir fisicamente seus arquivos de papel. Um arquivo de aço contendo quatro gavetas de documentos pode ser transformado em um arquivo de alguns gigabytes. Além de abrir espaço, a busca por um documento se torna bem mais ágil.

10.5.2 Document Management – DM

O Document Management – DM, ou gerenciamento de documentos, é a tecnologia GED que gerencia o fluxo de documentos digitais. Documentos que são criados eletronicamente também precisam ser gerenciados, processo que deve incluir diversos controles sobre a criação, utilização e acessos a um arquivo digital. O DM permite o controle do acesso físico a documentos, o que propicia maior segurança, além de facilitar acessos futuros a esses documentos.

Um dos objetivos do DM é permitir o controle de versões de documentos, possibilitando a rastreabilidade total nesse processo. É possível, portanto, verificar datas de alterações de documentos, todas as alterações efetuadas, bem como identificar quem acessou determinado documento.

Dessa forma, as aplicações do DM abrangem desde normas técnicas e manuais até desenhos e projetos de engenharia.

10.5.3 Workflow

O Workflow, ou fluxo automatizado de processos, pode ser caracterizado como uma tecnologia que tem como funções principais monitorar, gerenciar e disparar ações e tarefas, organizando um processo administrativo de forma eletrônica. A tecnologia workflow reduz o tempo e os custos de uma determinada atividade sequencial por meio do gerenciamento eficaz de todo o processo. Para tanto, emprega o uso de diversas tecnologias, tais como banco de dados e web, permitindo o gerenciamento, a revisão e a integração de um determinado processo de negócio.

Um exemplo prático da utilização dessa tecnologia é a automação do processo de compras de uma empresa. Imaginemos um processo tradicional de compras de itens de consumo. O usuário informa suas necessidades por meio do preenchimento de uma requisição de compras. Em seguida, ele envia esse formulário, via malote, para sua chefia imediata, a qual, por sua vez, analisa o pedido e o aprova ou não. Caso seja aprovada, a requisição é enviada, via malote, ao setor de compras, que verifica a existência do material solicitado em estoque. Caso o material esteja em falta, solicitações de cotações são enviadas aos diversos fornecedores da empresa. As cotações retornam ao setor de compras, que seleciona o melhor preço e adquire os produtos, os quais, ao serem recebidos pelo setor de almoxarifado ou recebimento, são enviados ao usuário. Esse processo, se realizado com muita agilidade e caso todos os envolvidos estejam presentes na empresa, demora aproximadamente uma semana.

Por outro lado, se a empresa utilizar a tecnologia workflow, esse processo pode ser agilizado sobremaneira. Isso porque os formulários manuais são transformados em eletrônicos, assim como as aprovações, eliminando-se a necessidade de malote. Além disso, as aprovações podem acontecer de forma remota, ou seja, independentemente da presença física dos responsáveis pelo processo. Existe a possibilidade, ainda, de as solicitações de compras aos fornecedores serem integradas eletronicamente. É bem verdade que, para isso ser possível, há a necessidade de uma integração de sistemas entre a empresa e os fornecedores, o que pode acontecer, também, por meio da tecnologia web.

Tendo em vista o exemplo descrito, apresentamos, a seguir, as principais vantagens da tecnologia workflow:

- agilização dos processos;
- redução de tempo nas atividades;
- eliminação de papéis;
- redução de custos;
- integração total entre departamentos.

Podemos classificar um workflow em quatro tipos:

1. **Workflow ad-hoc** – São produtos indicados para serem utilizados em processos não estruturados. Por exemplo, o encaminhamento de um e-mail a um setor responsável.
2. **Workflow administrativo** – Caracteriza-se pela ausência de um fluxo determinado no processo. Por exemplo, atividades esporádicas executadas no dia a dia.
3. **Workflow de produção** – São produtos orientados para o gerenciamento de processos bem estruturados e repetitivos. Por exemplo, o processo de requisição de compras descrito anteriormente.
4. **Workflow colaborativo** – É caracterizado quando um grupo de pessoas acompanha a execução de uma tarefa. Por exemplo, um processo de revisão gramatical em um texto ou artigo.

Muitos softwares de workflow empregam plataforma web e outros integram ferramentas de e-mail. É imprescindível, porém, que os computadores estejam interconectados por meio de uma rede de computadores. Um exemplo bastante utilizado de workflow é o Lotus Notes[*].

A tecnologia workflow também pode atuar como instrumento integrador dos mais diversos sistemas estudados, tais como ERP, SCM e CRM. Em muitos ERPs, aliás, o workflow acaba sendo um módulo integrado ao sistema.

10.5.4 Cold e ERM

Uma nova aplicação no mercado de GED são sistemas baseados em saída de dados de computador para discos ópticos, também chamados de *Cold – Computer Output to Laser Disk*. O Cold pode ser considerado a evolução da tecnologia COM – Computer Output Microfilm, utilizada para gravação de dados em mídias de microfilme. Salientamos que a tecnologia COM é mais indicada quando necessitamos armazenar dados por longos períodos, haja vista o microfilme ser mais resistente do que as mídias ópticas.

---

[*] Sistema cliente-servidor de trabalho colaborativo e e-mail, concebido pela Lotus Software, do grupo IBM Software Group.

A principal atividade dos sistemas Cold é armazenar dados oriundos de sistemas de informação em formato de relatórios e formulários. Esse armazenamento ocorre em discos ópticos (CD-ROM ou DVD-ROM). A visualização das informações contidas nesses discos só é possível por meio da utilização de softwares específicos, o que garante a segurança na distribuição de informações importantes para a empresa, as quais podem ser verificadas por pessoas autorizadas. Os relatórios também podem ser acessados via web. Normalmente, essa tecnologia é associada ao ERM – Enterprise Report Management, ou gerenciamento corporativo de relatórios. A diferença entre o Cold e o ERM é que o segundo é mais utilizado em nível corporativo, em que todos na organização podem acessar os dados, desde que tenham acesso autorizado.

Grandes bancos e empresas privadas têm utilizado a tecnologia Cold com muito êxito.

10.5.5 Forms Processing

A tecnologia de Forms Processing, ou processamento de formulários, permite reconhecer as informações a partir de formulários e relacioná-las com campos em um banco de dados. O objetivo é preparar o formulário para coletar os dados que irão constituí-lo e enviá-los a um sistema que se encarregará de ordená-los da forma mais adequada.

Duas tecnologias são utilizadas para viabilizar aplicações de Forms Processing:

- **OCR** (Optical Character Recognition, ou reconhecimento óptico de caracteres) – utilizado quando o reconhecimento se processa sobre caracteres padronizados, como os dos documentos impressos;
- **ICR** (Intelligent Character Recognition, ou reconhecimento inteligente de caracteres) – utilizado quando é preciso reconhecer textos manuscritos.

Exemplos de aplicações do Forms Processing são fichas de cadastro, solicitações de pagamento, formulários para análise de crédito e pedidos de clientes.

10.6 Novas tecnologias da informação

A velocidade com que surgem novas tecnologias da informação aplicadas à gestão é muito grande, constituindo-se em um verdadeiro desafio aos profissionais modernos. A cada ano (muitas vezes meses) surgem novos conceitos e tecnologias, sempre com o objetivo de otimizar investimentos, reduzir custos e aumentar a performance das empresas. A seguir, destacaremos algumas das mais recentes tecnologias, as quais já fazem parte do cenário empresarial. Muitas delas são empregadas em associação a conceitos já existentes e discutidos durante esta obra.

10.6.1 Cloud computing

O termo *cloud computing* pode ser traduzido como "computação em nuvem". Utilizado pela primeira vez em 2008, esse conceito domina o mercado de soluções tecnológicas, incluindo ERP, CRM, BI e até a computação pessoal.

É como se o HD da nossa máquina residencial ou os bancos de dados da empresa fossem transferidos para a "nuvem" e pudéssemos acessá-los a qualquer momento. O interessante é que essa tecnologia em muitos casos nos permite o acesso aos dados mesmo sem estarmos conectados à internet. Além do acesso aos dados, podemos ainda acessar aplicativos mesmo sem eles estarem instalados em nosso equipamento. Um exemplo prático disso é o Google Docs, aplicativo similar ao famoso Microsoft Office® e que nos oferece aplicações de edição de texto, planilhas eletrônicas, entre outras.

A eliminação da necessidade do famoso backup é um outro benefício dessa tecnologia, além da alta disponibilidade das aplicações, pois tudo roda em um ambiente que possui redundância de recursos e permite um funcionamento em praticamente 100% do tempo.

Dessa noção deriva o conceito de SaaS, ou seja, Software as a Service (software como serviço). Nesse modelo, o usuário não precisa mais adquirir as famosas licenças de uso e apenas paga o que utilizar, como se fosse um aluguel do serviço ou uma assinatura mensal.

10.6.2 Big data

Big data é um termo utilizado para resumir o conceito de *soluções tecnológicas*; é capaz de coletar e tratar grandes volumes de dados com uma velocidade gigantesca. Por meio da tecnologia de big data é possível o tratamento de dados não estruturados, tais como posts do Facebook ou do LinkedIn, vídeos do YouTube e qualquer outro tipo de dado digital existente. Prevê-se que o mercado de big data no Brasil cresça na casa dos dois dígitos nos próximos 5 anos. Hoje se fala na ordem de zettabytes, o que equivale a 1.000.000.000.000.000.000.000 bytes. Para se ter uma ideia, os HDs residenciais são da ordem de gigabytes, algo equivalente a 1.000.000.000 bytes.

Empresas como a IBM acreditam e apostam na tecnologia de big data, e o mercado enfatiza cada vez mais a importância dessa nova tecnologia. Já se fala até nos 5Vs do big data: volume, velocidade, variedade, veracidade e valor.

Hoje já existem aplicações de big data em diversos campos, entre os quais podemos destacar a medicina, a gastronomia, o esporte, a economia e a previsão do tempo.

10.6.3 BYOD

BYOD é a sigla de *Bring Your Own Device*, que em português significa "traga seu próprio dispositivo". Com o surgimento de novos dispositivos, tais como tablets e smartphones, os colaboradores passaram a utilizá-los dentro das empresas, proporcionando, por um lado, o aumento da produtividade e, por outro, o aumento da vulnerabilidade e da seguranças das redes corporativas. Hoje já vem se tornando comum nas empresas o estabelecimento de políticas para o BYOD. Cabe salientar que, apesar de envolver recursos tecnológicos, bem como a área de TI da empresa, essa prática traz impactos para o envolvimento dos gestores jurídicos e de recursos humanos.

Síntese

Comentamos, neste capítulo, as principais tendências em sistemas de informação que têm sido oferecidas pelo mercado. Muitas delas já estão sendo utilizadas por empresas que buscam aprimorar seus processos de gestão. Conforme vimos ao longo deste livro, no qual o foco principal foram os sistemas integrados de gestão, podemos perceber que as organizações buscam continuamente conseguir, por meio da utilização de SIs, vantagem competitiva. Destacamos que um dos conceitos mais inovadores nesse mercado é o CRM – Customer Relationship Management, ou gerenciamento do relacionamento com o cliente. Esse conceito, como observamos, pode ser considerado uma filosofia empresarial, efetivada pelas tecnologias de sistemas de informação e pela internet. Vimos que existem três tipos de CRM (operacional, analítico e colaborativo) e, em seguida, abordamos o conceito de SCM – Supply Chain Management, ou gerenciamento da cadeia de suprimento. Pudemos observar que a integração trazida pelo ERP ultrapassa os limites da empresa, interligando, assim, clientes e fornecedores. Outro conceito de SI estudado foi o BI – Business Intelligence, ou inteligência nos negócios, que constitui o tema mais comentado atualmente nas grandes empresas. Vimos que diversas tecnologias são associadas ao BI, como data warehouse, data mart, data mining e OLAP, em busca de consolidar em um único local as informações que normalmente estão dispersas em vários sistemas. Por fim, tratamos dos sistemas de gerenciamento eletrônico de documentos – GED, bem como das diversas tecnologias associadas a ele, tais como o Document Management, o Document Imaging e o Forms Processing.

Questões para revisão

1. Defina *CRM – Customer Relationship Management* sob o ponto de vista tecnológico.

2. Defina BI – *Business Intelligence*.

3. Com relação aos principais tipos de CRM, assinale V para as alternativas verdadeiras e F para as alternativas falsas:

   ( ) Um CRM analítico pode existir sem que ocorra o CRM operacional.
   ( ) O CRM colaborativo representa as aplicações de distribuição das informações dos clientes em todos os pontos de contato.
   ( ) O CRM operacional representa as aplicações responsáveis por coletar as informações dos clientes em diversos pontos de contato.
   ( ) Por meio do CRM analítico, uma empresa consegue identificar os seus clientes de maior valor.

4. São sistemas que gerenciam o relacionamento com os clientes e que objetivam a fidelização e o atendimento personalizado. Com relação a esse conceito, assinale a opção correta:

   a. ERP.
   b. GED.
   c. SCM.
   d. CRM.

5. Sistemas que agregam ao tomador de decisões inteligência nas resoluções e que apresentam as informações integradas. Com relação a esse conceito, assinale a opção correta:

   a. CRM.
   b. BI.
   c. ERP.
   d. SCM.

Questões para reflexão

1. A implantação de uma solução de CRM é uma atividade crítica e apresenta inúmeros desafios e obstáculos. É comum que empresas não atinjam o êxito e até abortem o projeto. Como uma organização pode minimizar os riscos durante a implantação de um CRM?

2. A integração entre sistemas é um desafio para os gestores e fornecedores de soluções tecnológicas. É possível integrarmos um sistema ERP de um fornecedor com uma ferramenta de BI de outro fornecedor, ambos utilizando cloud computing?

para concluir...

Neste livro, tratamos dos principais conceitos ligados aos sistemas integrados de gestão, também conhecidos como *sistemas ERP*. Para isso, exploramos alguns conceitos e atributos da informação e da gestão da informação. Exploramos também conceitos de tecnologia da informação, dando ênfase para o hardware e o software. Sobre este último, em especial, apresentamos os diversos sistemas operacionais existentes no mercado.

Esses conceitos nos deram embasamento para o estudo do uso dos sistemas de informação nas empresas, estudo que contemplou diferentes tipos de sistemas e sua finalidade de acordo com os principais setores de uma empresa.

Essas abordagens foram de extrema importância para a abordagem do assunto principal deste livro: os sistemas integrados de gestão. Pudemos conhecer os módulos, a implantação e outros aspectos de um ERP, tais como fornecedores e histórico.

Dedicamos, ainda, um capítulo para os sistemas produtivos industriais e um capítulo para a segurança e o controle em sistemas de informação.

Com esta obra, buscamos dar a você, leitor, um panorama amplo de informações sobre o ERP. O objetivo foi proporcionar maior capacitação acerca dessa tecnologia para auxiliar na escolha e na implantação de um ERP.

referências

ABNT – Associação Brasileira de Normas Técnicas. **NBR ISO/IEC 17799**: Tecnologia da informação – código de prática para a gestão de segurança da informação. Rio de Janeiro, 2001.

AGGARWAL, S. C. MRP, JIT, OPT, FMS? Making sense of production operations systems. **Harvard Business Review**, Tampa, v. 63, p. 8-16, Sept./Oct. 1985.

ALBERTIN, A. L. **Administração de informática**: funções e fatores críticos de sucesso. 3. ed. São Paulo: Atlas, 2001.

ÂNGELO, F. K. Mercado de ERP aposta na verticalização de soluções. **Computerworld**, São Paulo, n. 449, mar. 2006. Disponível em: <http://computerworld.com.br/negocios/2006/03/16/idg noticia.2006-03-29.8955896890/>. Acesso em: 6 jul. 2015.

AUDY, J. L. N.; BRODBECK, A. F. **Sistemas de informação**: planejamento e alinhamento estratégico nas organizações. Porto Alegre: Bookman, 2003.

BANCROFT, N. H.; SEIP, H.; SPRENGEL, A. **Implementing SAP R/3**: How to Introduce a Large System Into a Large Organization. 2. ed. Greenwich: Manning, 1998.

BATISTA, E. de O. **Sistemas de informação**: o uso consciente da tecnologia para o gerenciamento. São Paulo: Saraiva, 2004.

BEAL, A. **Segurança da informação**. São Paulo: Atlas, 2005.

BERTALANFFY, L. V. **Teoria geral dos sistemas**. Petrópolis: Vozes, 1977.

BIO, S. R. **Sistemas de informação**: um enfoque gerencial. São Paulo: Atlas, 1996.

BROOKSHEAR, J. G. **Ciência da computação**: uma visão abrangente. 5. ed. Porto Alegre: Bookman, 2000.

CAIÇARA JUNIOR, C. **Entendendo os sistemas de extração de dados de um Datawarehouse**. 2006a. Disponível em: <http://www.primazia.com.br/site/restrito/sistema/upload/files/data/22_5_2006_15.10.40/Processo%20de%20extra%E7%E3o_Datawarehouse.pdf>. Acesso em: 6 jul. 2015.

_____. **Ferramenta OLAP**: cubos dimensionais. 2006b. Disponível em: <http://www.primazia.com.br/site/restrito/sistema/upload/files/data/22_5_2006_15.08.34/Ferramentas%20OLAP.pdf>. Acesso em: 6 jul. 2015.

_____. **Fluxos do Supply Chain Management – SCM**. 2006c. Disponível em: <http://www.primazia.com.br/site/restrito/sistema/upload/files/data/22_5_2006_15.09.12/Fluxo%20do%20Supply%20Chain%20Managemnt.pdf>. Acesso em: 6 jul. 2015.

_____. **Fornecedores e produtos de ERP**. 2006d. Disponível em: <http://www.primazia.com.br/site/restrito/sistema/upload/files/data/22_5_2006_15.09.52/Fornecedores%20e%20produtos%20de%20ERP.pdf>. Acesso em: 6 jul. 2015.

_____. **Suply Chain Management – SCM**. 2006e. Disponível em: <http://www.primazia.com.br/site/restrito/sistema/upload/files/data/22_5_2006_15.11.20/Supply%20Chain%20Management.pdf>. Acesso em: 6 jul. 2015.

CARUSO, C. A. A.; STEFFEN, F. D. **Segurança em informática e de informações**. São Paulo: Senac, 2000.

CENADEM – Centro Nacional de Desenvolvimento do Gerencia-mento da Informação. **Porque as empresas no Brasil estão implantando o GED**. Disponível em: <http://www.docsys.com.br/noticia03.html>. Acesso em: 6 jul. 2015.

CENADEM – Centro Nacional de Desenvolvimento do Gerencia-mento da Informação. **Trabalhando com você para a divulgação do GED**. Disponível em: <http://www.cenadem.com.br/empresa.php>. Acesso em: 6 jul. 2015.

CORBETT NETO, T. **Contabilidade de ganhos**. São Paulo: Nobel, 1997.

CORRÊA, H. L.; GIANESI, I. G. **Just-in-Time, MRP-II e OPT**: um enfoque estratégico. São Paulo: Atlas, 1996.

CRUZ, L. **Estudo de caso**: aposta no fator humano. 15 jun. 2014. Disponível em: <http://www.proflucas.com/wordpress/wp-content/uploads/2014/09/Aula-06-Estudo-de-caso-APOSTA-NO-FATOR-HUMANO.pdf>. Acesso em: 6 ju. 2015.

DAVENPORT, T. H. **Ecologia da informação**: por que só a tecnologia não basta para o sucesso na era da informação. São Paulo: Futura, 1998.

DIAS, C. **Segurança e auditoria da tecnologia da informação**. Rio de Janeiro: Axcel Books, 2000.

DRUCKER, P. A. **Sociedade capitalista**. São Paulo: Pioneira, 1993.

FERREIRA, M. B.; ANJOS, M. (Coord.). **Dicionário Aurélio Júnior**: dicionário escolar da língua portuguesa. Curitiba: Positivo, 2005.

FOINA, P. R. **Tecnologia de informação**: planejamento e gestão. São Paulo: Atlas, 2001.

GAION, A. V. F. et al. Teoria das restrições aplicada à prestação de serviços. **Unopar Científica Ciências Jurídicas e Empresariais**, Londrina, v. 1, n. 1, p. 67-82, mar. 2000. Disponível em: <http://www.unopar.br/portugues/revista_cientificaj/artigosoriginais/teoriadas/body_teoriadas.html>. Acesso em: 6 ju. 2015.

GIL, A. de L. **Segurança em informática**. São Paulo: Atlas, 1995.

GOLDRATT, E. M. **A síndrome do palheiro**: garimpando informação num oceano de dados. São Paulo: Educator, 1992.

GOLDRATT, E. M.; COX, J. **A meta**: um processo de aprimoramento contínuo. São Paulo: Educator, 1995.

GOLDRATT, E. M.; FOX, R. E. **A corrida pela vantagem competitiva**. São Paulo: Educator, 1989.

GORDON, S. R.; GORDON, J. R. **Sistemas de informação**: uma abordagem gerencial. Tradução de Oscar Rudy Kronmeyer Filho. Rio de Janeiro: LTC, 2006.

HADDAD, S. R. **GED**: uma alternativa viável na gestão da informação estratégica. 39 f. Trabalho de conclusão de curso (Especialização em Informática Pública) – Prodabel/ Pontifícia Universidade Católica de Minas Gerais, Belo Horizonte, 2000. Disponível em: <http://www.powerbrasil.com.br/pdf/haddad2000.pdf>. Acesso em: 6 jul. 2015.

HYPOLITO, C. M.; PAMPLONA, E. Principais problemas na implantação de um sistema integrado de gestão. In: ENCONTRO NACIONAL DE ENGENHARIA DE PRODUÇÃO, 20., 2000, São Paulo. **Anais**... Rio de Janeiro: Abepro, 2000. 1 CDROM. Disponível em: <http://www.abepro.org.br/biblioteca/ENEGEP2000_E0223.PDF>. Acesso em: 6 jul. 2015.

_____. Sistemas de gestão integrada: conceitos e considerações em uma implantação. In: ENCONTRO NACIONAL DE ENGENHARIA DE PRODUÇÃO, 19., 1999, Rio de Janeiro. **Anais**... Rio de Janeiro: Abepro, 1999. Disponível em: <http://www.abepro.org.br/biblioteca/ENEGEP1999_A0357.PDF>. Acesso em: 6 jul. 2015.

IMONIANA, J. O. **Auditoria de sistemas de informação**. São Paulo: Atlas, 2005.

IT FORUM. **Com aquisição, Totvs detém 40% do mercado de ERP**. Disponível em: <https://ednegao2.wordpress.com/2008/07/24/fusoes-e-aquisicoes-efeitos-da-fusao-totvs-datasul/>. Acesso em: 6 jul. 2015.

JAMIL, G. L. **Repensando a TI na empresa moderna**. Rio de Janeiro: Axcel Books, 2001.

LAUDON, K. C.; LAUDON, J. P. **Gerenciamento de sistemas de informação**. 3. ed. Rio de Janeiro: LTC, 2001.

_____. **Sistemas de informações**: com internet. 4. ed. Rio de Janeiro: LTC, 1999.

_____. **Sistemas de informação gerenciais**. São Paulo: Pearson Prentice Hall, 2010.

MÓDULO. Disponível em: <http://www.modulo.com.br>. Acesso em: 6 jul. 2015.

MORIMOTO, C. E. **Hardware PC**: guia de aprendizagem rápida – configuração, montagem e suporte. 2. ed. Rio de Janeiro: Book Express, 2001.

_____. **Guia**: hardware, redes e Linux para iniciantes. 2006. Disponível em: <http://www.guiadohardware.net/guias/06>. Acesso em: 6 jul. 2015.

NARDINI, J. J.; PIRES, S. R. I. Sistemas de gestão da produção: um estudo em 20 empresas do setor metal-mecânico paulista. In: ENCONTRO NACIONAL DE ENGENHARIA DE PRODUÇÃO, 23., 2003, Ouro Preto, MG. **Anais eletrônicos**... Rio de Janeiro: Abepro, 2003. Disponível em: <http://www.abepro.org.br/biblioteca/ENEGEP2003_TR0103_0386.pdf>. Acesso em: 6 jul. 2015.

O'BRIEN, J. A. **Sistemas de informação e as decisões gerenciais na era da internet**. São Paulo: Saraiva, 2001.

_____. _____. 2. ed. São Paulo: Saraiva, 2004.

OLIVEIRA, D. de P. R. **Sistemas de informações gerenciais**: estratégicas, táticas e operacionais. 7. ed. São Paulo: Atlas, 2001.

_____. **Sistemas, organização e métodos**. 2. ed. São Paulo: Atlas, 1988.

PARIS, W. S.; CLETO, M. G. A Proposed Model to Increasing the Efficiency of International Intra-Firm Technology Transfer. In: INTERNATIONAL CONFERENCE ON INDUSTRIAL ENGINEERING AND OPERATIONS MANAGEMENT, 22., 2002, Curitiba. **Technical and Organization Integration of Supply Chain**. Porto Alegre: Abepro, 2002. p. 243-250. v. 1.

PEPPERS & ROGERS GROUP. **CRM series**: Marketing 1 to 1. 3. ed. São Paulo: Editora, 2000.

PIRES, S. R. I. **Gestão estratégica da produção**. Piracicaba: Unimep, 1995.

POLLONI, E. G. F. **Administrando sistemas de informação**. São Paulo: Futura, 2000.

PRODUÇÃO, 20., 2000, São Paulo. **Anais**... Rio de Janeiro: Abepro, 2000. 1 CDROM. Disponível em: <http://www.abepro.org.br/biblioteca/ENEGEP2000_E0223.PDF>. Acesso em: 6 jul. 2015.

REZENDE, D. A. **Engenharia de software e sistemas de informações**. Rio de Janeiro: Brasport, 1999.

_____. **Tecnologia da informação integrada à inteligência empresarial**: alinhamento estratégico e análise da prática nas organizações. São Paulo: Atlas, 2002.

REZENDE, D. A.; ABREU, A. F. de. **Tecnologia da informação aplicada a sistemas de informação empresariais**: o papel estratégico da informação e dos sistemas de informação nas empresas. São Paulo: Atlas, 2000.

RODRIGUES, M. V. C. **Ações para a qualidade**: GEIQ, gestão integrada para a qualidade – padrão Seis Sigma, classe mundial. Rio de Janeiro: Qualitymark, 2004.

ROMAGNOLI, G. dos S. Biometria: você é sua senha. **Tema 161**, ano 8, n. 61, 2002. Disponível em: <http://www4.serpro.gov.br/imprensa/publicacoes/tema-1/tematec/2002/ttec61>. Acesso em: 6 jul. 2015.

ROSINI, A. M.; PALMISANO, A. **Administração de sistemas de informação e a gestão do conhecimento**. São Paulo: Pioneira Thomson Learning, 2003.

SANTOS, R.; MENDES, F. C.; BENAC, M. A. **A implantação de sistemas integrados de gestão**: um estudo de caso na Embratel. Disponível em: <http://www.sucena.eng.br/GI/Artigo6.pdf>. Acesso em: 6 jul. 2015.

SÊMOLA, M. **Gestão da segurança da informação**: uma visão executiva. Rio de Janeiro: Campus Elsevier, 2003.

SHINGO, S. O. **O sistema Toyota de produção**: do ponto de vista da engenharia de produção. 2. ed. Porto Alegre: Artes Médicas, 1996.

SINGH, H. **Data Warehouse**: conceitos, tecnologias, implementação e gerenciamento. São Paulo: Makron Books, 2001.

SLACK, N. et al. **Administração da produção**. São Paulo: Atlas, 1999.

SOARES, E. **Totvs mantém-se na liderança do mercado brasileiro de ERP, diz FGV**. 24 abr. 2014. Disponível em: <http://computerworld.com.br/tecnologia/2014/04/24/totvs-mantem-se-na-lideranca-do-mercado-brasileiro-de-erp-diz-fgv/>. Acesso em: 6 jul. 2015.

SOUZA, C. A. de; SACCOL, A. Z. (Org.). **Sistemas ERP no Brasil (Enterprise Resource Planning)**: teoria e casos. São Paulo: Atlas, 2003.

SOUZA, H. E. L. de et al. **Procedimentos de auditoria em informática**. São Paulo: Audibra, 1995.

STAIR, M. R. **Princípios de sistemas de informação**: uma abordagem gerencial. 4. ed. Rio de Janeiro: LTC, 2004.

STAIR, M. R.; REYNOLDS, G. W. **Princípios de sistemas de informação**: uma abordagem gerencial. 6. ed. São Paulo: Pioneira Thomson Learning, 2006.

TAURION, C. Aprendendo com os erros. **Gestão Empresarial Magazine**, [S.l.], ago./out. 1999.

TOIGO, J. W. **Disaster Recovery Planning**: Strategies for Protecting Critical Information Assets. New Jersey: Prentice Hall, 2003.

_____. **Recuperação de sistemas de informação**. Rio de Janeiro: LTC, 1990.

TONINI, A. C. Metodologia para seleção de sistemas ERP: um estudo de caso. In: SOUZA, C. A.; SACCOL, A. Z. (Org.). **Sistemas ERP no Brasil (Enterprise Resource Planning)**: teoria e casos. São Paulo: Atlas, 2003.

TORRES, G. **Como os processadores funcionam**. 22 dez. 2005. Disponível em: <http://www.clubedohardware.com.br/artigos/como-os-processadores-funcionam/1145>. Acesso em: 6 jul. 2015.

TUBINO, D. F. **Manual de planejamento e controle da produção**. 2. ed. São Paulo: Atlas, 2000.

TURBAN, E.; MCLEAN, E.; WETHERBE, J. **Tecnologia da informação para gestão**: transformando os negócios na economia digital. 3. ed. Porto Alegre: Bookman, 2004.

TURBAN, E.; RAINER JUNIOR, R. K.; POTTER, R. E. **Administração de tecnologia da informação**: teoria e prática. Rio de Janeiro: Campus Elsevier, 2003.

VARAJÃO, Q. J. E. **A arquitectura da gestão de sistemas de informação**. Lisboa: FCA, 1998.

WIGHT, O. **Manufacturing Resources Planning**: MRP II. Essex Junction, Vermont: Oliver Wight Ltd., 1984.

WEITZEN, H. S. **O poder da informação**. São Paulo: Makron, 1994.

respostas

Capítulo 1
Questões para revisão

1. Embora a definição seja bastante ampla, podemos entender *informação* como a medida da redução da incerteza sobre um determinado estado de coisas por intermédio de uma mensagem.
2. Duas tecnologias contribuíram sobremaneira para a descentralização das informações nas organizações: o surgimento do Personal Computer (PC), ou computador pessoal, e o acesso às redes de computadores, as quais permitiram que vários usuários de lugares diferentes e distantes pudessem acessar as mesmas informações.
3. Os sistemas de informação já existiam e até hoje ainda podem funcionar em ambientes centralizados. Assim, as tecnologias que contribuíram para o processo de descentralização das informações nas organizações são as indicadas a seguir
   (V) Downsizing.
   (F) Sistemas de informação.
   (V) Surgimento dos computadores pessoais.
   (V) Redes de computadores.
4. b – A informação flexível pode ser utilizada para diversas finalidades. Por exemplo, um relatório de contas a receber pode ser útil tanto para o setor de cobranças quanto para o setor financeiro.

5. d – Informação é a medida da redução da incerteza sobre um determinado estado de coisas, por intermédio de uma mensagem. São dados dotados de relevância e propósito.

Capítulo 2

Questões para revisão

1. A palavra *informática* resulta da junção dos termos *informação* e *automática*, o que restringe um pouco seu conceito atual. Já a tecnologia da informação – TI compreende outros conceitos, como banco de dados, redes de computadores, internet e outras ferramentas modernas que auxiliam a gestão da informação.
2. Componentes de entrada, processamento e saída de dados e dispositivos de memória, processamento e comunicação.
3. Os componentes essenciais de um computador são as indicadas a seguir:
   (V) Unidade central de processamento – CPU.
   (V) Dispositivos de entrada.
   (V) Dispositivos de armazenamento.
   (F) Sistema operacional.
   Observação: O sistema operacional é um componente de software, e não de hardware.
4. a – O Office® é um exemplo de software aplicativo composto por um editor de textos, planilha eletrônica e um software de apresentação.
5. c – O Office® é uma suite de aplicações voltadas para a automatização de atividades de escritórios. O Windows®, fabricado pela Microsoft®, é um software proprietário. O Linux é um sistema operacional de código-fonte livre e pode ser alterado de acordo com as necessidades dos usuários. O sistema operacional que deu origem ao Linux foi o Unix®, criado por Linus Torvalds.

Capítulo 3

Questões para revisão

1. Quanto à sua natureza, um sistema pode ser aberto ou fechado. Um sistema fechado não apresenta interação com o ambiente externo e, assim, não o influencia nem é influenciado por ele. Já um sistema aberto apresenta interação com o ambiente externo, o que resulta em um processo de troca em que sofre e imprime mudanças em relação a este.
2. A dimensão *tecnologia* abrange o estudo de hardware, software, banco de dados e telecomunicações, abordados no Capítulo 2. Na dimensão *organização*, precisamos observar aspectos relacionados a regras, hierarquia, cultura e divisões. Já na dimensão *pessoas*, devemos atentar para questões relativas à interface, ao treinamento e à ergonomia.

3. Os principais sistemas empresariais básicos são as indicadas a seguir:
   (V) Um sistema financeiro normalmente apresenta um módulo de contas a pagar e contas a receber.
   (V) Um sistema financeiro normalmente apresenta um módulo de controle de vendas.
   (V) Um sistema de recursos humanos normalmente apresenta um módulo de folha de pagamento.
   (F) Um sistema de logística normalmente apresenta um módulo de programação e controle da produção.
   Observação: O módulo de programação e controle da produção é integrante de um sistema industrial. Em sistemas de logística, encontramos os módulos de recebimento, expedição, controle de estoque e transporte.
4. c – Esse conceito reflete a capacidade de um sistema de se decompor em partes menores, também chamadas de *subsistemas*.
5. d – A TGS, definida por Bertalanffy (1977), apresenta a comparação entre os sistemas aberto e fechado.

Capítulo 4
Questões para revisão

1. Sim. A escolha do sistema mais apropriado depende do problema ou necessidade da empresa. Portanto, um SPT pode ser muito útil nos dias de hoje. Exemplos disso são o sistema de folha de pagamento de pessoal e o sistema de controle de estoque.
2. São sistemas que dão suporte a executivos, por meio do fornecimento de informações mais sintetizadas e orientadas a gráficos e dashboards.
3. Com relação aos tipos de relatórios normalmente emitidos por um SIG, são verdadeiras as alternativas indicadas a seguir:
   (F) Relatórios de exceção são relatórios desenvolvidos por fornecedores terceirizados contratados.
   (V) Um relatório de vendas semanais é um exemplo de relatório periódico.
   (V) Um relatório solicitado pelo gerente de vendas, com o objetivo de validar uma tendência ou hipótese, é um exemplo de relatório sob demanda.
   (V) Um relatório periódico é emitido automaticamente pelo sistema.
   Observação: Relatórios de exceção fazem parte de um SIG e são emitidos automaticamente pelo sistema em casos de exceção, conforme parametrização definida pelo gestor.
4. d – Sistemas de processamento de transações – SPTs apresentam a característica de processar grandes quantidades de dados. Podem processar as informações em tempo real ou em lote e emitir documentos, tais como guias, cheques e folhas de pagamento.

5. d – Um sistema de informações gerenciais (SIG) emite diversos tipos de relatórios. Os principais tipos são os periódicos ou programados, de exceção e sob demanda.

Capítulo 5

Questões para revisão

1. São problemas advindos da falta de integração de sistemas a redundância de dados, a falta de integridade das informações e a repetição de trabalho.
2. De forma didática, um sistema integrado de gestão – ERP pode ser definido como um sistema de informação adquirido na forma de pacotes comerciais de software que permitem a integração entre dados dos sistemas de informação transacionais e dos processos de negócios de uma organização.
3. Com relação às principais características de um sistema ERP, são verdadeiras as alternativas indicadas a seguir:

   (V) São vendidos em forma de pacotes comerciais.

   (V) Não são desenvolvidos para um cliente em específico.

   (F) Possuem diversos bancos de dados.

   (F) Não podem ser implantados em módulos.

   Observação: Uma das principais características de um sistema ERP é que ele apresenta um banco de dados único. Além disso, ele pode ser implantado por módulos, o que facilita o processo quando uma empresa não dispõe de todo o orçamento necessário.
4. d – Sistemas integrados de gestão – ERPs são desenvolvidos com base nas melhores práticas de processos de negócios. Funcionam com um único banco de dados, integrados por meio de módulos.
5. c – Quando uma empresa não tem seus sistemas integrados, a probabilidade de encontrarmos informações incorretas é elevada. Isso se deve ao fato de existirem muitos bancos de dados (cada sistema apresenta um banco de dados independente e não integrado).

Capítulo 6

Questões para revisão

1. Há fornecedores nacionais e internacionais, fornecedores para empresas de pequeno, médio e grande porte e fornecedores por segmentos de atuação, como industriais, educacionais, varejo e saúde.
2. Nacionais: Totvs® (Datasul, Microsiga e RM Sistemas). Internacionais: SAP, Microsoft® e Oracle.
3. Com relação aos principais fornecedores de ERP internacionais e nacionais, são verdadeiras as alternativas indicadas a seguir:

(F) A SAP é o fornecedor brasileiro líder do segmento de ERP.

(V) A Totvs® é um fornecedor nacional que oferece soluções para pequenas, médias e grandes empresas.

(V) A Senior e a Acom são fornecedoras nacionais.

(F) Microsiga e Datasul são fornecedores que foram adquiridos pela SAP.

Observação: A SAP é uma empresa alemã, e não brasileira. A Microsiga e a Datasul foram adquiridas pela Totvs®.

4. c – A SAP é uma empresa alemã, principal fornecedora de sistemas ERP do mundo. A Oracle é uma empresa norte-americana, e a TOTVS é brasileira.

5. a – No momento da seleção de produtos ERP, deparamos-nos com dezenas de fornecedores. Portanto, é fundamental a utilização de uma metodologia adequada. É necessário envolver a área de tecnologia da informação – TI e as áreas de negócios. Também é recomendada a contratação de uma empresa de consultoria especializada em implantação de sistemas ERP, bem como a seleção de um produto aderente aos processos da organização.

Capítulo 7
Questões para revisão

1. Um sistema ERP é dividido em módulos e isso permite que uma organização o implante gradativamente, módulo a módulo, o que permite uma conversão gradativa e mais alinhada ao desembolso financeiro possível em determinado momento.

2. Atender às necessidades mais elementares de uma empresa. São os processos que chamamos de *backoffice*, responsáveis pelas atividades básicas, como contas a pagar e a receber e controle de estoque.

3. Os fornecedores de sistemas ERP estão desenvolvendo soluções verticais em virtude das razões indicadas a seguir:

(V) Com o objetivo de atender a segmentos específicos.

(V) Por ser um mercado com alto potencial de vendas.

(V) Porque as soluções horizontais nem sempre atendem a algumas características específicas.

(F) Porque não há mais mercado para ERPs genéricos.

Observação: Ainda há mercado tanto para as soluções verticais quanto para as horizontais.

4. c – Os principais módulos existentes em sistemas ERP são os básicos (financeiro, RH, contabilidade, vendas etc.), os específicos ou verticais (indústria, serviços, comércio, planos de saúde etc.) e os customizados (adequações realizadas a determinada necessidade da organização).

5. c – O módulo financeiro é um módulo básico, assim como os módulos de controladoria, planejamento de produção, gerenciamento de materiais, vendas e distribuição e recursos humanos. Os módulos de planos de saúde, distribuidora de alimentos e instituições educacionais são exemplos de módulos verticais.

Capítulo 8
Questões para revisão

1. Agregação de valor – o cliente deve reconhecer a qualidade e as especificações dos produtos e dos processos, bem como estar disposto a pagar por elas; inovação – a capacidade de promover melhoria contínua com vistas à redução de custos e ao aprimoramento constante da qualidade dos produtos e dos processos.
2. MRP ou planejamento das necessidades de materiais contempla basicamente a busca dos tipos de produtos com suas respectivas quantidades constantes da carteira de pedidos ou da previsão de vendas, a identificação das listas de materiais de cada produto, o cálculo das necessidades brutas e a subtração dos materiais constantes dos registros de estoque, programando, a partir dos cálculos gerados, as ordens de compra, o plano de materiais e as ordens de trabalho. Já o MRP II é um sistema que reúne todas as informações referentes às diversas atividades de produção em uma única base de dados. É muito importante para o bom desempenho do planejamento da produção industrial porque ultrapassa as fronteiras do MRP, que é restrito ao cálculo das necessidades de materiais.
3. Com relação às principais características positivas e negativas do JIT, são verdadeiras as alternativas indicadas a seguir:
(V) A simplicidade é uma característica positiva.
(V) A dependência maior dos fornecedores externos é uma característica negativa.
(F) O baixo nível dos estoques é uma característica negativa.
(V) A melhoria da qualidade é uma característica positiva.
Observação: o baixo nível dos estoques é um item muito importante para qualquer empresa. Altos níveis de estoque normalmente são um grande problema para a empresa e o JIT contribui para um estoque mais baixo e otimizado.
4. b – Você pode encontrar a explicação para esta resposta na Seção 8.4 – "Sistemas OPT/TOC".
5. c – O módulo Planejamento de Produção tem como função principal fornecer subsídios para a decisão dos planejadores com relação aos níveis agregados de estoques e de produção período a período, com base na carteira de pedidos ou nas previsões de demanda agregadas (demanda do mix de produtos).

Capítulo 9

Questões para revisão

1. A falta de segurança pode trazer prejuízos tangíveis e intangíveis, que podem até mesmo comprometer o negócio. Podemos citar alguns efeitos decorrentes da falta de segurança: perda de mercado e de oportunidades de negócios, queda na produtividade, atrasos na entrega de produtos ou serviços, desgaste da imagem e prejuízos na credibilidade com os clientes, entre outros.

2. A segurança da informação tem como objetivo garantir a integridade, a confidencialidade, a autenticidade e a disponibilidade das informações processadas pela organização. Quando são estabelecidas medidas de proteção das informações, o propósito é exatamente a minimização dos riscos e das vulnerabilidades existentes no âmbito da organização.

3. Com relação à tecnologia de biometria, são verdadeiras as alternativas indicadas a seguir:

    (V) O reconhecimento de voz é utilizado em sistemas de identificação.

    (F) Não é possível fazer o reconhecimento de um usuário por meio do mapeamento da face.

    (V) Os bancos utilizam tecnologia de reconhecimento das digitais em caixas automáticos.

    (V) É possível, por meio da identificação da retina, autorizar ou barrar a entrada em uma sala de servidores.

    Observação: O mapeamento da face é uma tecnologia biométrica utilizada em inúmeras aplicações, mesmo ainda não sendo tão difundida quanto a identificação de digitais ou o scanner da íris.

4. d – A integridade é o elemento da segurança da informação que diz respeito à informação correta.

5. c – A disponibilidade é o elemento que garante que uma informação seja disponibilizada a um usuário autorizado no instante em que ele necessita dessa informação.

Capítulo 10

Questões para revisão

1. "Do ponto de vista tecnológico, CRM envolve capturar os dados do cliente ao longo de toda a empresa, consolidar todos os dados capturados interna e externamente em um banco de dados central, analisar os dados consolidados, distribuir os resultados dessa análise aos vários pontos de contato com o cliente e usar essa informação ao interagir com o cliente através de qualquer ponto de contato da empresa" (Gartner Group, citado por Peppers & Rogers Group, 2004, p. 59).

2. Business intelligence refere-se aos sistemas de inteligência nos negócios que facilitam o processo de tomada de decisões, apresentando informações integradas (indicadores).

3. Com relação aos principais tipos de CRM, são verdadeiras as alternativas indicadas a seguir:

   (F) Um CRM analítico pode existir sem que ocorra o CRM operacional.

   (V) O CRM colaborativo representa as aplicações de distribuição das informações dos clientes em todos os pontos de contato.

   (V) O CRM operacional representa as aplicações responsáveis por coletar as informações dos clientes em diversos pontos de contato.

   (V) Por meio do CRM analítico, uma empresa consegue identificar os seus clientes de maior valor.

   Observação: Para que seja possível uma empresa utilizar um CRM analítico, antes é necessário capturar as informações dos clientes, o que é feito por meio de um CRM operacional.

4. d – O CRM – Customer Relationship Management é o sistema que busca personalizar o atendimento aos clientes. ERP é o sistema integrado de gestão. GED refere-se à gestão eletrônica de documentos. SCMs são sistemas de gerenciamento da cadeia de suprimentos e SPTs são sistemas transacionais.

5. b – O conceito de BI – Business Intelligence refere-se aos sistemas de inteligência nos negócios que facilitam o processo de tomada de decisões, apresentando informações integradas (indicadores). Os sistemas SCM são sistemas de gerenciamento da cadeia de suprimentos. O CRM – Customer Relationship Management é o sistema que busca personalizar o atendimento aos clientes. ERP é o sistema integrado de gestão, e SIGs são sistemas de informações gerenciais.

sobre o autor

Cícero Caiçara Junior tem bacharelado em Ciência da Computação pela Pontifícia Universidade Católica do Paraná – PUCPR (1992). No período de 1990 a 1997, prestou serviço no Exército Brasileiro como Oficial R/2 do Serviço de Intendência, exercendo as atividades de informatização e implantação de sistemas de informação em diversas unidades militares da 5ª Região Militar e da 5ª Divisão de Exército. Em 1998, na PUCPR, especializou-se em Redes de Computadores e Sistemas Distribuídos. De 1998 a 2000, trabalhou na Siemens Telecomunicações como coordenador de projetos de Pesquisa e Desenvolvimento. Em 2002, defendeu sua dissertação de mestrado, cuja área de concentração foi Gestão do Conhecimento, atingindo com êxito o grau de mestre em Engenharia da Produção pela Universidade Federal de Santa Catarina – UFSC. Foi professor da Universidade do Contestado – UnC, em Mafra-SC, Canoinhas-SC e Rio Negrinho-SC, de 1997 a 2001. É professor do Centro Universitário Uninter desde 2003, nos cursos de pós-graduação e MBA e de educação a distância de Sistemas Produtivos Industriais, Marketing e Propaganda, Secretariado Executivo, Gestão Pública,

Logística, Processos Gerenciais e Gestão Financeira. Atualmente exerce, ainda, atividades de consultoria em gestão empresarial, Prêmio Nacional da Qualidade – PNQ e sistemas de informação pela empresa Primazia Consultores Associados. Desde 2009 atua no segmento de e-commerce, desenvolvendo planos de negócio para novos empreendedores virtuais e conduzindo consultorias em operações de comércio eletrônico, envolvendo logística, atendimento ao cliente, marketing digital e implantação de plataformas e sistemas de backoffice. É diretor da Associação Brasileira de Comércio Eletrônico (ABComm) no Estado do Paraná, além de autor dos livros *Informática, internet e aplicativos*, publicado pela Editora Ibpex e *Informática instrumental*, publicado pela Editora InterSaberes.

Impressão: Cargraphics
Julho/2015